鈴木佐喜子
Suzuki Sakiko

時代と向きあう保育

上

急変する生活・労働実態と保育の原点

ひとなる書房

装幀／山田道弘
写真／川内松男

時代と向きあう保育

上巻●目次

下巻●目次

はじめに

「病気が治りきっていないのに登園させる」「朝食を食べてこない子どもが多い」「子ども同士のトラブルで親同士がトラブルに」など、今、多くの保育者が子育てや親との関係に悩みを抱えています。「子育て支援は親のためであって、子どものためではない」「保育園がやってあげることで、親がますます子育て責任を果たさなくなってしまうのではないか」「どこまで親を受け入れればいいのか」など、子育て支援、親への支援に対する疑問の声も聞かれます。とくに長時間保育に対しては、「保育の拡充よりも労働環境の整備が先ではないか」「親にも子どもにもよいことなのか」という懐疑的な意見も少なくありません。

保育現場が厳しくなっていることもたしかですが、こうした思い、葛藤が、保育者の徒労感、負担感を一層、強めているように思います。子育て支援、親への支援が強調されるなかで、保育者が「親の保育要求に応えること」「親を援助すること」と「子どもの育ちを保障すること」のジレンマに揺れ動き、葛藤しているように見えます。

今日、進められている国の保育政策、子育て支援策は、「親の保育ニーズに応える」ことを掲げてはいても、「子どもの最善の利益」をきちんと位置づけたものではありません。他方、こうした現状にあって、子育て支援は「親のためであって子どものためでない」と保育者が子育て支援や保育の拡充に消極的になる傾向も見られます。

保育者の仕事の中核は子どもを保育することです。同時に、親を理解し、親を支え、親と共に子どもを育てていくことも保育の専門性の重要な内容であると考えてきました。しかし、今日の子育てや保育をめぐる状況の中で、「親の保育要求に応えること」「親への援助」と「子どもの育ちを保障すること」のジレンマは大きくなっています。このジレンマのなかで、「子ども」と「親」、そのどちらも切り捨てず、子どもにとって、親にとって、どうすることがよいのかを悩みながらも模索し続けていくことが、保育という営みの本質であり、保育者の専門性の中核であると考えます。

この本は、「親の保育要求に応える」「親を援助する」ことと「子どもの育ちを保障する」こと、この二つの視点をどちらも大切にした保育を、今日の社会における保育のあり方という社会科学的なアプローチ、親とのかかわりを中心とした実践的なアプローチ、の双方から浮き彫りにしようと試みたものです。思いのほか分量が増えてしまったため、上下二冊に分けて刊行することにしました。上巻、下巻、それぞれ内容が独立していますので、関心に沿ってどちらかをお読みいただくことも可能です。ただ、社会科学的なアプローチと実践的アプローチの双方から、今日の社会における保育のあり方を明らかにするという筆者の意図をより正確に理解いただくうえでは、上下巻通して読んでいただけると幸いです。

まず、上巻の第Ⅰ部では、保育者が子育ての実態をつかむことの意味、「保育の拡充よりも労働環境の整備が先ではないか」、長時間保育は「親にも子どもにもよいことなのか」ということについて、日本の社会全体の変化、父母の労働実態、保育要求と突き合わせて検討しています。このことは、「親の保育要求に応えること」と「子どもの育ちを保障する保育を守り発展させること」を、今日の日本の社会的現実のなかで、どう考え、どう実現したらよいのかという問題でもあります。この問題を抽象的に論じるのではなく、今の社会の「現実」のなかで考えることが重要だと考えました。

その際、社会全体の構造的な変化をトータルにとらえ、とくに保育と密接にかかわる労働に焦点を当て、「企業社会の再編」と「福祉・社会保障制度の抜本的改変」を軸とする「構造改革」のもとで、労働の現場に何が起こり、若者や女性の働き方がどう変わりつつあるのか、企業社会の再編に伴って生じる家族の変容、国民の福祉・保育要求の所在をできるだけていねいに明らかにしたいと考えました。保育抑制から保育の「量的拡大」へという国の保育政策の転換、保育制度の抜本的改変、ますます厳しくなる父母の労働実態、保育時間の長時間化、待機児などの保育要求の高まりを、個々バラバラの現象としてとらえ対応するのではなく、今日の社会の構造的な変化のなかでトータルにとらえることぬきには、今、求められる保育のあり方を正確に論じることができないのではないかと考えたからです。そこから保育の展望や可能性をリアルにつかむことができるのではないかと考えたからでもあります。

そして、下巻では、上巻での分析をふまえて、今、具体的にはどのような保育が求められているのか、各地の実践に学びながら考えています。

まず第Ⅱ部では、保育者が親とどうかかわり、どう一緒に子どもを育てていったらよいのか、その考え方を理論的に整理し、事例をもとに実践的に明らかにしています。親の養育責任と保育・社会的援助との関連、親をどう見るか、親の子育てにどうかかわるか、「親を受け入れるとは？」「保育園がどこまでやればいい？」など、保育者が抱える疑問やそこに含まれる問題・課題を取り上げて検討しています。子ども同士のトラブルなど、保育者が親のことで悩んでいる問題や疑問に即して、できるだけ具体的に考えることを心がけました。

第Ⅲ部では、今日の保育政策の中心的課題として、社会的にも議論の焦点となっている長時間保育、子育て支援を取り上げ、論点を整理し、実践的視点、課題を明らかにしようとしました。

親への対応、延長保育、地域子育て支援など、困難ななかで、悩みながらも親や子どもにとって保育がどうあったらよいかを模索し、保育を切り拓いてきた保育者がたくさんいます。これらの豊かな実践からたくさんのことを学んできました。この本が、親との関係で悩んでいる保育者、今、進められている子育て支援、長時間保育に戸惑いや疑問を抱え、保育の意味を見いだせず苦しんでいる保育者にとって、これからの保育を考えるうえで何らかの参考になれば幸いです。

二〇〇四年二月

鈴木　佐喜子

第Ⅰ部

父母の子育て・労働の実態と背景を探る

第一章

子育ての実態と保育の原点

①　子育ての実態をつかむことの意味

「子どもの病気がまだ治りきっていないのに登園させる」「父母が休みの時でも平日と変わりなく子どもを預ける」「よかれと思って実施している月一回の園外保育へのお弁当持参を『大変』と言われた」「年長最後の運動会なのに、家族で海外旅行に出かけ欠席」などなど……。保育者が親に「なぜ?」「どうして?」と言いたくなるようなことがたくさんあります。

長野県佐久のレタスの栽培農家を中心とする地域で保育に携わってきた近藤幹生さんは、個別懇談の日時の希望をなかなか記入してくれなかったかよさんの家庭について、次のような文章を書いています。

五歳児で翌春に入学を控えているので、個別懇談をもった。十一月末から十二月にかけて、都合の良い時間に○印をしてほしいとはり紙を掲示した。勤めの人は夕方五時、五時三十分、六時、自営業の人は日中の一時半、二時といった時間設定である。ところがかよさんのお宅だけなかなか○印がない。すでに十二月も残り数日となっていた。そんなある日、子どもたちは、クリスマスに届いたプレゼントのことでもちきりとなっていた。そのときの彼女のことばは決して忘れない。

「かよんちなんか、ざしきがいそがしくって、サンタどころじゃないよ」

私ははっとさせられた。個別懇談の設定ができないで、しびれをきらせていたので、その日、保育を終えてすぐに自宅までおじゃました。すると御主人もいて、「まあ、先生座って聞いてくれえ」と話がはじまった。十二月の小料理屋さんの生活をつぶさに聞いた。夕方、子どもを園からつれて帰ると、お母さんもお父さんとともにお客さんを迎える準備である。子どもと一緒に夕御飯なんてまず、ないという。子どもは用意された御飯を食べて自分達で過ごし、寝てしまう。店は九時、十時には二次会のお客も加わり、まだにぎやかだ。そして、お客がすべて帰り、片付けをすませると午前一時だ。ようやく寝るが、すぐ四時には起き、市場へ魚の仕入れにいく。七時過ぎには戻って子どもたちを起こして保育園に連れていき、家に帰る。午前中、洗濯掃除をして、なんとか食事をすませる。お昼から三時ころまでが、寝てしまう時間だという。担任である私が設定した、自営業の人たちの懇談の時間は、かよさんのご両親にとっては、わずかに横になれる時間だった(1)。

普通であれば、入学を控えての大事な時期の懇談会、子どものことをどう考えているのか、保育園のきまりを守らない「困った親」「ひどい親」と保育者を嘆かせる事例です。しかし近藤さんはかよさんの一言にハッとして、かよさんの家に出かけ、担任が設定した時間が小料理屋を営むかよさんの両親にとってはわずかに横になれる時間だったことを知るのです。「なぜ、懇談会の記入がいつまでもないのか?」をかよさんの家に出かけ、かよさんと父母の生活を知ることで近藤さんは理解したのです。

② 「なぜ食事が〝大変〟?」を考える

今、子育ての問題や親との関係で悩んでいる保育者が少なくありません。今日の社会のなかで子育てや親子の生活にさまざまな困難が存在していることは事実です。しかし近藤さんのように、保育者が「問題」、気になると感じる親や子育てについて、ただ嘆くだけでなく、もう一歩踏み出して、「なぜ、病気が治りきっていないのに登園させるのか?」「なぜ、仕事が休みでも子どもを預けたいと思うのか?」「なぜお弁当が大変なのか?」「なぜ食事が手抜きになってしまうのか?」その理由を考え、探っていくことが必要なのではないでしょうか。

食事の問題を取り上げ、「なぜ食事が大変なのか?」を考えてみましょう。

現代の子育てについてくわしい丹羽洋子氏は、家庭で育てられている一歳の子どもの昼食が「半調理してあるグラタン」「残り物やカップヌードル（シーフード）」「菓子パン（クリーム、ジャム）と牛乳」「ほか弁（日替わり弁当）」など、貧しくなっていることを明らかにしています。

なぜ、一歳児の昼食が貧しくなってしまうのでしょうか?　母親たちは、子どもが一歳になると公園で遊ばせることが大切と知り、一生懸命に公園に子どもを連れていきます。昼になって帰ってくると、子どもは待てず、大騒ぎで食事を催促するため、「すぐに食べられるもの」を、と食事が「貧しく」なってしまう。「育児にがんばっているから、育児に忙しいからコンビニ弁当」になってしまうというのです(2)。

ここで指摘されている空腹や疲労のため、ぐずる子どもをあやしながら食事の支度をするのが大変という「育児に手いっぱい」の状況は、保育園の子どもの場合、夕食時にそのまま当てはまります。

東社協保育士会保育研究部会が保育園父母を対象として実施した調査「親の生活や仕事の実態と保育園への要望」（一九九九年一月）(3)で「家事や育児で大変だと思うこと」を聞いたところ、回答のトップが「食事」でした。九百十六名の回答のうち「食事」（四百十名）、「食事の支度」（三百二十名）、「子どもに食べさせること」（百四十一名）となっています。「夕食の支度の時、子どもがお腹すいたのとかまってほしくて泣いたり、抱っこを求める」「忙しいのにあれやって、これやっとて言われたり駄々をこねられたり」「抱っこしたまま料理を作らなくてはならない」「子どもが空腹なので急いで作らなければと思うだけでストレスを感じる」「早く食べさせたいが、なかなか準備が進まない」「帰宅が遅いため、いつも前日と当日の朝に下準備をやらないと間に合わない」「疲れていても食べさせなくてはならない」「料理が得意でない上、時間をかけられない」など。子どもを保育園に預けている母親が「食事」をいかに大変なことと感じているかが伝わってきます。

また、同じ調査で「夕食を誰と食べているか」を調べたところ、「母と子」が全体の六四％、「家族揃って」は二一％に過ぎませんでした。ほとんどの家庭では父親の帰宅は遅く、母親一人で子どもの面倒をみながら、食事の支度をしなければなりません。急いで作らなければと思っても、子どもはかまってほしくて駄々をこねたり、抱っこを求めたりする。疲れている母親や料理が得意でない母親にとっては一層、大変になることは明らかでしょう。

筆者なりに「なぜ食事が大変なのか？」を、今日の子育てや生活の実態と照らし合わせながら、考えてみました。もちろん、個々の事例そのものを直接知っているわけではありませんから、ここで述べたことが当てはまらないケースもあるかもしれません。しかし、このように父母の具体的な生活や労働の実態のなかで、「大変」と言った父母の気持ちを考え、理解してみることが必要なのではないでしょうか。

3 「なぜ子どもの病気で仕事を休めない？」を考える

もう一つ、保育者が「なぜ？」と思うことに子どもが病気の時の親の対応があります。「まだ病気が治りきっていないのに登園させる」「熱が出て、職場に連絡を入れたのになかなかお迎えに来ない」「雇用状況の厳しさはわかるが、熱があっても園に連れて来られる子どもはどうなのか。子どもがかわいそうではないか」という保育者の声をしばしば耳にします。

他方「子どものためならいつでも会社を休んだり、早退できると思っている」「世の中には、いろいろな会社でいろいろな仕事をしている人間がいて、いくら子どものためとはいえ、融通のきかないこともあるのに、そうするととんでもない親のような言われ方をする[4]」という父母の声があることも現実です。子どもが病気の時に仕事に出ていく親は、子どものことを考えていない、仕事本意の「ひどい親」なのでしょうか。風邪ひきの息子を残して仕事に出かける母親の気持ちを綴った次のような詩があります。

あと十分したら⑤

あと十分したら
職場へ行く為に掛け出すのだ
風邪ひきの息子を
一人残して

熱のせいで
幼さの残る顔は赤い
……もう五年生だから
　一人でも大丈夫ね
そう確かめたけれど
今は暮らしへのたくましさを
学ぶ時ではなく
母親のやさしさを
心に刻みたかっただろうに

……ネェ何時に仕事は終わるの
　じゃあ家に着くのは何時かな
決して休んでくれとは言わない息子
窓際の日当たりのいい所へ
布団を移して　寝かせる
おまじないでもするように
何度もオデコをなでる
オテントサン
うちの息子をお願いしますヨ
まだ五年生なんですから

出勤の時がせまり
私は掛け出していく
風邪ひきの息子を
一人残して

この詩の作者吉野智子さんは保育園に勤める保育者です。子どものことを考えたら病気の時は子どものそばにいてやりたい、しかしそれでも仕事にいかなければならない親の気持ちが切々と伝わってきます。子どもの年齢は異なりますが、多くの親が吉野さんと同じ思いを抱きながら、仕事に出かけていくのではないでしょうか。子どもをおいて仕事に出かける、病気の子どもを保育園に連れてくる……、子どものことを考えていないように見える行動の底に、このような親の子どもへの思いと葛藤があることを見てほしいと思います。もし仮に子どものことを全く考えていないように見える親であっても、それは今の生活や仕事があまりにも切羽詰まったもので、子どもを顧みる余裕をなくしているからではないでしょうか。仕事と子育ての両立には矛盾が存在します。とくに母親の仕事と子育ての矛盾は深く、多くの母親は悩み、葛藤しながら、仕事を続けていることを知る必要があると考えます。

「子どもが病気で仕事を断ると次の仕事がこなくなると思いストレス」「クビを覚悟で夏休みをとっている」「外資系の会社で働く母親。祖母は体が弱く、帰りが遅い時にはシッターさんが迎えに来る。母親の帰りは夜二時、三時になることもある。一年契約で給料は十二月の査定で決まる。子どもが病気等で休みが多かったり成績が悪いと契約打ち切りになる」「母子家庭。子どもの水疱瘡のため一週間仕事を休んだところ、リストラされてしまった」「母子家庭。母親は派遣の仕事をしているが、一つの仕事では生活できないため、二つの仕事をかけ持ちして働いている」[6]。このような父母の声、事例は今では決して珍しいものではありません。上巻第Ⅰ部第四章で明らかにしていますが、今日の労働実態はますます厳しくなっています。そうしたなかで、仕事を休むということが父母にとってどれほど大変なことなのかということも知っておく必要があるでしょう。父母がどのような状況のなかでどのような思いをしながら働き子育てをしているのかを少しでも理解できたら、少なくとも「困った親」「ひどい親」という見方にはならないように思うのです。

④ 保育園父母の一日の生活を知る

保育者は父母の毎日の労働と生活をどれだけ具体的に知っているでしょうか。保育者が保育園という狭い枠からだけ親を見て、親の仕事や生活、降園後の子どもの生活が見えづらくなっていることが保育者の親に対する苛立ちを募らせる要因の一つになっているように思われます。保育園に子どもを預ける父母が、一日をどのように過ごしているか、もう少し具体的に明らかにしてみましょう。

先の東社協保育士会保育研究部会の調査では、親子が一日をどのように過ごしているかを表に細かく書いてもらい、その表から、父母の生活を読みとっていきました。

読み取った結果を集計して全体的な傾向を調べたところ、就寝時間が遅く、起床時間が早い母親が多いという傾向が見られました。就寝時間では十一時三六・六％（七百七十一人中二百八十

図１　保育園父母の一日の生活

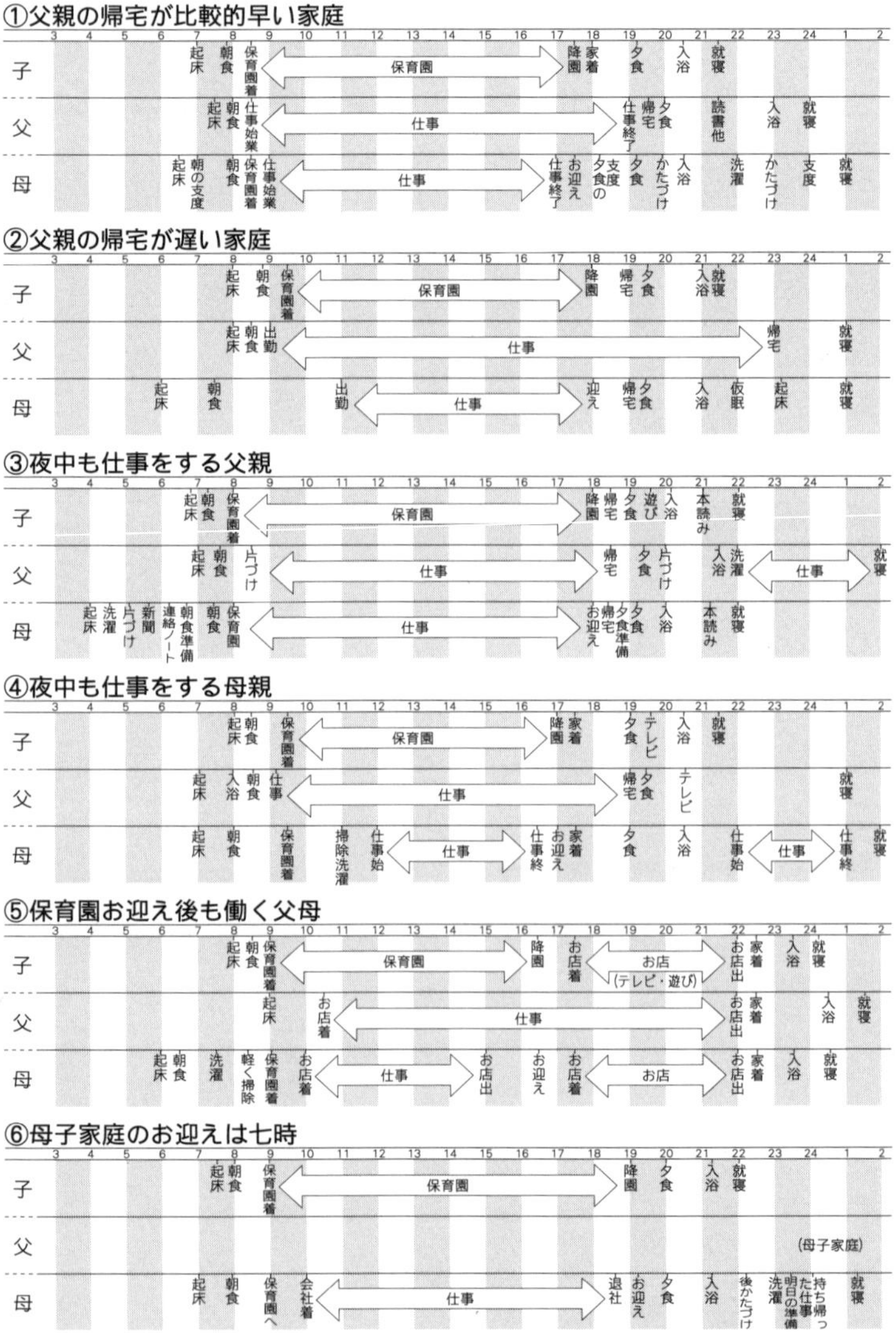

東社協保育士会保育研究部会「親の生活や仕事の実態と保育園への要望」に関する調査（1999年）より作成

二人）、十二時二八・七％（二百二十一人）で、十一時以降に寝る人が七五・九％（五百八十五人）でした。他方、起床時間では五時一四・三％（七百七十一人中百十人）、六時五八・九％（四百五十四人）、六時以前に起きる人は計五百八十三人、七五・六％に上ります。睡眠時間が六時間以下という母親も約四割いました。また表からは、保育園の父母がどのように一日を過ごしているかがリアルに伝わってきます。母親の欄には、たくさんの家事が細かく書き込まれ、多くの母親が家庭に帰ってからも家事・育児に忙しく立ち働いていることがわかります。

図1の①から⑥は、父母の家庭生活の表を六つのタイプに分類し、その典型的な家庭の表を作り直したものです。

①父親の帰宅が比較的早い家庭

父親の帰宅が比較的早い家庭です。母親が夕方五時半に保育園に迎えにいき、母子で夕食をとっています。父親は七時過ぎに帰宅、夕食をとっています。保育園の家庭としては、比較的恵まれた条件といえますが、母親は保育園のお迎えから、夕食の支度、片付け、洗濯と次々と家事を行ない、就寝は一時です。

②父親の帰宅が遅い家庭

父親の帰宅が遅い家庭です。母親は子どものお迎えから一人で家事・育児を行ない、一度仮眠をとってから父親の帰宅に合わせて起き、一時に就寝、朝は六時に起きています。

③夜中も仕事をする父親

父親は朝九時から六時まで仕事をして六時半に帰宅。夕食を取り、入浴後、夜十時から二時まで再び仕事をしています。母親は十時に就寝していますが、朝は四時に起きて洗濯、片付けなどの家事を行なっています。

④夜中も仕事をする母親

夜、仕事をしているのは父親だけではありません。この家庭では母親は子どもが寝た後、夜十時から一時まで仕事をし、午前二時に就寝、朝は七時に起きています。

⑤保育園お迎え後も働く父母

父親は朝の十時過ぎから夜十時まで店で働いています。母親は四時半に子どもを保育園に迎えにいき、店に連れ帰って、店で働いています。その間、子どもはテレビを見たり遊んだりして過ごしています。夜十時に店から帰り、入浴、母と子は十二時過ぎに就寝、父親が寝るのは午前一時過ぎです。この母親も朝は六時に起きて家事をしています。

⑥母子家庭のお迎えは七時

この家庭は母子家庭で、朝の十時から夕方六時半まで会社で働き、保育園へのお迎えは七時です。夕食、入浴などの家事をすませ、夜の十二時から一時間ほど持ち帰りの仕事をして一時過ぎに就寝、朝は七時に起きています。

それぞれの家庭の父母の働き方も家事・育児など家庭生活もさまざまです。しかし父母の多くが長時間働いており、なかには夜も働く父母がいます。また、母親の睡眠時間は短く、帰宅後も家事・育児に追われており、母親には仕事だけでなく、家事・育児の負担も重くのしかかっていることが伝わってきます。

5 親の実態と社会的背景をつかむことの意味

親たちが「なぜ、食事が〝大変〟になっているのか?」「なぜ、子どもが病気でも仕事を休めないのか?」を、今の親の労働や生活の実態、母親の置かれている状況に即しながら筆者なりに考えてきました。「なぜ?」そうなっているかを、親の生活や労働の姿を具体的につかみ、その背後にある生活や労働の実態、社会的背景のなかでとらえることで、より深く親を理解することができるのではないかと考えたからです。

茂木俊彦氏は、「一人ひとりを大事にして、その人の立場に立ってその人を理解する」「相手を相手としてそのまま理解する」という方向で親たちを理解することが、「保育者としての専門性の一つの中身になるのではないか」と述べ、「社会科学的な認識を持ちながら、一人ひとりを理解する」ことの大切さを強調しています。「保育を展開していく場合に大切なことは、私たちが社会科学的な認識を持つということです。これは保育者自身の仕事の社会的な背景も含んでのことですが、親たちの生活と労働、それについて個別事例を通して学んでいくだけでは、おそらく本格的な理解はできないからです」。

長時間過密労働や母親の厳しい労働実態など、親たちがいまの生活、仕事のなかでいろいろ追い詰められていると同時に、子育てについても子どもの将来を考えれば考えるほど、不安になっている親の気持ちも、一人ひとりを見ているだけでは、本当に理解していくことが難しいというのです。「時代的な背景、時代的な趨勢についての社会科学的な認識をもちながら、一人ひとりを理解すること」が必要で、「そういう認識があれば、ほんとうの意味でのやさしさをもって一人ひとりを理解することもまたできて[7]」いくと茂木氏は主張しています。

このように、親の労働や生活、子育ての実態、社会的背景をつかむことは、一人ひとりの親を深く理解するうえで不可欠であり、保育と深く結びついているのです。

6 保育とは何か

子どもから父母の生活、暮らしを見る

冒頭で紹介した近藤幹生さんは風邪をこじらせて具合が悪くなった四歳のよし君の「ぼく、てんてき（点滴）なんかきらいだもん、びょういんなんかいやだもん、えんちょうせんせい、おか

あさんにそういってよう……」という言葉に涙ぐんでしまったと書いています。母親がなんとか週末までもたせようと子どもに点滴を打ち、解熱剤を入れて園に連れて来るのです。子どもの気持ちを考えると切なくなってしまいます。しかし近藤さんはここで終わっていません。次のように続けているのです。


お母さんはフルタイムの仕事を続けながらよし君としん君を育てている。

病気になったときがいちばんたいへんである。お母さんが早退できるときはいいけれど、水ぼうそうなどになると有給休暇は使い果たし、次に熱を出したりすると困り果ててしまう。手助けできる関係が周りにいないということがわかった。はじめのうち、熱のある子はみれませんとだけ伝えたこともあったが、それでは解決しない。お母さんとすれば週末までなんとかもたせようと必死の思い。点滴をうち、解熱剤をいれて連れて来ていたこともあった。それはよいことではないが、母親としてはそうせざるをえなかった。その気持ちをわかってやろうと話し合った。

やがて元気にやってくるようになり、親子遠足での楽しい母子の表情をみて、心から、たいへんだけど応援しているよ、とのメッセージを送りつづけることにした。そして、今後のことも考えて緊急のときに頼める人を保育園でも探すことにした。(8)

近藤さんは、子どもの気持ちに思いを寄せながら、同時にそうしなければならなかった母親の状況にも思いをはせています。解熱剤を入れて子どもを保育園に連れてくることは、決してよいことではありませんが、有給も使い果たし、周囲に頼れる人もいないという状況のなかでの切羽詰まった母親の気持ちを理解しようとしています。そして、「いつも応援しているよ」のメッセージを送り続けながら、緊急時の対応を一緒に考えて提案しているのです。母親を「ひどい親」と非難する保育者と近藤さんの親の見方や対応の違いはどこから生じてくるのでしょうか。

近藤さんは「父母の仕事や毎日の生活を知ることは、ときとして気持ちが重くなることもある。でも、子どもたちのおかれている現実、親の懸命に働いている姿を具体的に知り、職員で考え合うと、案外解決方法もみつかる」と述べています。筆者は、保育はつねに目の前の子どもの姿、親の姿から出発する、社会の現実、親の労働実態、生活実態あるいは子育ての実態や意識を深くとらえ、そのなかで保育はたえず見直される営みであると考えてきました。親が直面している困難や思いをていねいに聞き、一緒に悩み、解決方法を考えていくという姿勢が大切なのではないでしょうか。

近藤さんは「保育とは何か、それを大上段にかざすのは勇気がいるが、子どもから父母の生活、暮らし、地域の仕事を見れるようになることではないか」と述べています。「子どもたちを通して、親の仕事、地域の暮らしに想いを寄せること、これが保育の基本」「保育園は、保護者の必要によって生まれ、保護者によって支えられている。子どもたちを通して親の仕事や地域の暮らしに思いをよせるのが、保育の基本」[9]という近藤さんの主張は、改めて保育とは何か、保育の原点を問いかけています。

地域の子育て支援や長時間保育という課題に取り組むことももちろん大切ですが、その根底に「なぜ取り組むか」「保育園の役割とは何か」という議論をしっかりとすえる必要があります（地域子育て支援・長時間保育については下巻第Ⅲ部でくわしく述べています）。改めて原点にかえって「保育とは何か？」を問いなおすことが求められているのではないでしょうか。父母の生活や労働の実態をつかみ、地域の人々にとって保育園がどうあったらいいかくりかえし問いながら保育を創りだしていくことこそが重要なことだと強調しておきたいと思います。

第一章　注

（1）近藤幹生『人がすき　村がすき　保育がすき』九五～九六頁、ひとなる書房、二〇〇〇年

（2）丹羽洋子『今どき子育て事情』一三〇～一三二頁、ミネルヴァ書房、一九九九年

（3）東社協保育士会保育研究部会「親の生活や仕事の実態と保育園への要望」に関する調査。一九九九年十月に東京都の私立保育園の協力を得て一歳、三歳、五歳児クラスの保護者を対象に実施。三十六園、九百十六名より回答を得た。

（4）同右、調査

（5）吉野智子詩集『小さな手』、一九九六年十月

（6）東社協保育士会保育研究部会、前掲調査、および東京都私立保育園連盟夜間・長時間保育研究会で出された事例

（7）茂木俊彦「保育における受容・共感と指導～子ども理解をすすめるために」、「現代と保育」編集部編『子どもをわかるということ』二一〇～二一二頁、ひとなる書房、一九九八年

（8）近藤幹生、前掲書、一三四頁

（9）同右、五頁、一三五頁、一四七頁

〈手記〉保育園父母の労働実態と仕事への思い①

子どもが誇りに思うように働きたい
――保育園が父母の情報交換の場になれば

大学院大学教員（理系）　武田　さくら

理系の大学院の研究室で助手をしています。固体表面では原子はどのように並んでいるか、どんな性質を持っているか、ということを実験的に研究しています。研究と一口に言っても中身はいろいろで、実験装置の準備から始まり、実験、解析、発表までで一連の流れとなります。実験準備では装置の設計図を描いたり、装置の購入のため業者さんと打ち合わせをしたりします。時には旋盤加工、溶接といった金属工作を自分で行ないます。実験、解析はもっともわくわくする部分です。とくに新しい現象を発見したときや、なぜそんな現象が起こるのかそのメカニズムを思いついたときにはうれしくて夜も寝付けないほど興奮します。そうして得た実験結果は、他の人にわかりやすい形にまとめて学会や論文で発表しなければなりません。これらのことを他のスタッフや学生たちと進めています。

大学の使命は研究だけでなく教育もあります。学生たちは実験、解析をして論文を書いて卒業していかなくてはなりませんが、それぞれの段階でわからないところを教え、助けます。一緒に実験したり論文を読んだり、壊した装置を修理したりさまざまです。学生は卒業試験として研究成果をまとめ、発表するのですが、その発表を見て、入学当初と比べて学生が成長したなと実感するときには感慨深いものがあります。

現在七ヵ月になる子どもがいます。子どもが五ヵ月のときから保育園に預けて職場に復帰しています。子どもを持つ前は、子どもを育てながら働くことを気軽に考えておりましたが、実際に子どもを持ち保育園に預け働く段になると、前には予想していなかった様々な問題に直面することになりました。

まず、第一に予想外だったことは（これは問題ではないのですが）、子どもがとてつもなくかわいいということです。子どもを朝八時半から夕方六時半まで保育園に預けると、起きている子どもと家で過ごす時間は一日、二、三時間になります。子どもとべったり過ごした育児休暇の日々から一転、一日数時間しか子どもと会えなくなるのは、自分の選択の結果とはいえ、非常に苦痛でした。

また、保育園に関してこれまで無知だったため、親がずっとついて育てるのと保育園に預けるのでは、子どもの成長上どんな違いが生じるかわからず、もし悪い影響があったらどうしようと大変心配になりました。私は子どものころから大きくなったら男女の区別なく働く、となんの疑いも持たずに決めておりましたが、このときだけはこのような難点を抱えて働く必要があるのか考え込んでしまいました。自分のなかで結論を出すため、保育園で育つことの子どもの成長への影響をいろいろな本で調べたり、他の人の経験談を聞いたりしました。多くの働くお母さんはこの時点でいろいろ考えるのではないかと思います。結局働くのをやめることは私にとってはどうしてもできないことなので、逆に子どもが誇りに思うように一生懸命仕事をし、残りの時間を、短くはありますが、思いっきり子どもと過ごしてよしとしようという結論に達しました。

また、保育園の影響に関しては、いろいろな統計を見て、自分を納得させました。実際預けてみると、子どもの成長や発達心理、食事、あそびについてたくさんの知識を持っておられる保育士の方々に見ていただきながら育てられるので、たとえば家で日中母子二人きりで過ごしながら育てるのと違って、親も保育士さんに教育していただける点がとてもよいと思います。ただ、保育園で育つ子どもについての統計などの科学的な情報は手に入るものは外国のものが多かったので、もっと日本の情報が手に入ればと思いました。

それから予想外だったことは、時間についてです。子どもの世話をしていると想定外のことの連発で、計画通りにことが全然進まないことがわかりました。最近の一日の流れは、まず朝、離乳食を作って食べさせ、ミルクを飲ませ、体温を測って連絡帳を書き、時にはお風呂に入れるなどします。あっという間に一時間経ってしまいます。出かける前にミルクを吐いて着替えさせること、オムツを取り替えなくてはならなくなることもしょっちゅうです。

ばたばたと保育園に連れてゆき、その後一時間弱して職場へつきます。

夕方は夫と私で交代でお迎えに行っていますが、迎えに行く日はみんなが仕事をするなか職場を抜けます。保育園で子どもを拾い、家へ帰ると七時くらいになります。それからミルクを飲ませ、洗濯や夕食の準備、食事で寝る時間になってしまいます。また最近は夜中にぐずることが多く、寝ているとしょっちゅう起こされ、十分に眠れないまま朝を迎えます。

出産前は、夜九時、十時まで研究室にいることが当たり前の生活で、実験が終わらなかったり、学会の準備で忙しかったりしたときには、研究室にて徹夜で作業することもありました。なので、出産前には忙しさには慣れているとたかをくくっていましたが、子育ての忙しさは全く種類の違うものでした。すぐにやらなくてはならないことが次々と浮上してきてそれらに絶えず追われているといった感じです。

研究や教育を行ないながら、子育てをするのは、どうもなかなか大変だ、というのが職場復帰二ヵ月目での感想です。わが家は夫と私の家事の分担が半々でしたが、子育てに関してもなるべく半々の分担でいこうとしています。双方ともこれまでの働き方は不可能ですので、そういう減速した働き方に対して周囲に理解してもらうことが子育てしながら仕事を続ける鍵なのだということがわかってきました。

私の場合、これまで午後五時からだったセミナーを早い時間に移してもらう、打ち合わせを私の職場にいる時間に行なってもらうなどの協力を得ることができ、とても助かっています。また、今後、長期出張や深夜の実験などの必要が生じたときの対策が必要だと実感していますす。こんなときはどうすればいいかという情報を得るために、保育園が働きながら子育てする父母の集まる場になればいいなと思います。

第二章

今日の保育政策の転換をどうとらえるのか

① 「保育サービスの拡充」に対する疑問の声

「子供たちから母親を奪うもの」という小児科医からの投稿が二〇〇二年末の新聞に掲載されました。「配偶者控除廃止が話題になっている。時代の流れは主婦の就業を促進する方向へ進んでいる。でも子供からみれば、普段父親がいない上に、母親まで家庭にいなくなる。それでいいのだろうか。……不況で労働環境の改善はなく、父親の育児休暇さえ現実味を帯びないこの時期に、今度は母親も家庭から奪おうというのか。……乳児期から保育所に預けられ、仕事で疲れ果てた親の元に帰る生活は、私は望ましくないと思う。『自分は誰よりも愛され、大切にされている』という感覚が育まれにくいだろうから(1)」というものです。「夫の仕事は年々忙しくなり、最近では深夜の帰宅は当たり前、休日出勤もしばしばです。今、私が働きに出れば、三人の子供は落ち着いた家庭を失うでしょう。……子供の長時間保育を充実するよりも、子供たちとたっぷりと過ごせるように親を家庭に返す社会的支援をしてほしい(2)」という家庭の主婦からの投稿も見られます。

これらの投書は、エンゼル・プラン、少子化対策、待機児対策など、一連の国の施策が、「保育サービスの拡充」や仕事と子育ての両立支援に重点が置かれていることに疑問を投げかけ、保育所の充実よりも親子が共に過ごす時間を保障する施策こそ重要だと主張しています。

一方、保育関係者の論調はどうなっているのでしょうか。親や住民の保育要求に応えて延長保育、夜間保育や地域子育て支援に取りくむことの大切さを指摘する声や、厚生労働省が「三歳児神話」を否定したことを保育運動の成果として評価する見解もありますが、最近の子育て支援や「保育サービスの拡充」、とくに長時間保育に対する批判、疑問の声が多数見受けられます。

たとえば、家庭教育研究所が一九九九年に横浜市とその周辺の保育所・幼稚園・保育ボランティアとして乳幼児の保育に携わっている保育者四百三十六人に実施したアンケート調査があります。中野由美子氏は、著書のなかでこの調査を紹介し、「同じ働く女性である保育者の延長保育への意見には、かなり厳しいものであり、マイナス点の指摘の多さには驚かされる」と述べています。保育者からは、長時間保育によって「勝手な親がますます増える」「親が楽するほど、子どもの育ちは悪くなる」「必要がないのに預ける」という親への批判、「親子の時間が減ることは大変なこと」「親の子育ての心を萎えさせる」など、親が親として育つための時間や精神的余裕の減少を心配する声や「親が楽をするだけの支援の手伝いはしたくない」「預かることが支援だとは思えない」というためらいの声が数多く出されているのです。

中野氏は、反対意見の中心は「子どもの長時間保育が、親の労働時間の増加でしかなく、親子の接触時間の減少と内容の貧しさにつながっているのではないか」という危惧であり、「『延長保育よりも、幼い子どもをもつ母親の労働時間の短縮や再就職などの労働政策や母親の労働保障制度が先決。園の親支援は、乳幼児期の親子関係づくりにマイナスにならないような、そんな親子の絆づくりの支援をしていきたいと思う』という意見に集約されている」とまとめています(3)。

保育研究運動のなかからも長時間保育に対する疑問の声や労働環境の整備が先ではないかという意見が出されています。全国保育問題研究協議会の「保育時間と保育内容」分科会にかかわってきた清水民子氏は、これまでの議論をふまえつつ、「子どもの最善の利益を求める方向が、現状では『子どもが放置されるよりは……』とか『二重保育になるよりは……』と、ともすれば次善の選択肢としてのさまざまな対策が次々と打ち出され、対応に追われている日常です。おとなのさまざまな欲望の拡大に対応した社会変化のかげで、子どもの利益はあまりにも周辺に追いやられているのではないでしょうか(4)」と疑問を投げかけています。宮里六郎氏も、「時代の流れのなかで保育時間が長くならざるをえないのは仕方がないとしても、子どもにとっても親にとっても本当にこれでいいのだろうかと問題提起がなされました。……一方、長時間労働の歯止めとしてこれ以上の延長保育をしないという議論も出されています」とこれまでの分科会の議論を紹介したうえで、「親の保育ニーズにどこまで応えればいいのか、労働時間短縮の方が先ではないかという大きな問題とも絡み合った議論も期待されます」と結んでいます(5)。

「子育ては母親の手で」という保守的な立場からの小児科医や家庭の主婦の主張だけでなく、保育関係者のなかからも「保育サービスの拡充」、とくに長時間保育に対して否定的あるいは懐疑的な見解が投げかけられているのです。

2 保育の拡充を求めてきた保育研究運動

戦後の日本で、「働く母親の子どもは非行になる」「保育所に子どもを預けると発達が遅れる」「三歳までは母親の手で」など、共働きの子育て、乳児保育や長時間保育の問題は、政策的にも社会全体においても常に論争的な問題でした。国や厚生省は、家庭育児第一義を掲げ、「乳児保育必要悪」の立場から、保育所の充実には一貫して消極的でした。八〇年代の臨調行革の時代には、国は家庭責任を強調し、「親の育児放棄を助長する」と保育園を攻撃してきました。

一九五〇年代から六〇年代にかけての時期には、無認可の共同保育所が次々に誕生しました。働き続けようとしても、子どもを預けるところがない母親たちが、その要求を支えてくれる人々と共に作り出していったのです。この動きは全国に広がり、「ポストの数ほど保育所を」と多くの共同保育所、認可保育園を増やしてきました。また、困難な条件のもとではありましたが、実践を蓄積し、その成果をもとに保育条件の改善を図ってきました。それぞれの時代状況のなかで、さまざまな見解の相違、紆余曲折はありましたが、全体として見れば、保育研究運動は、国民の保育要求を土台として保育の拡充を求め、大きな力を発揮してきたと言えましょう。

3 保育政策の転換と保育をめぐる複雑な諸相

しかし、これまでと今日では、問題をめぐる状況が大きく変わってきています。九〇年代に入ると、国の保育政策に対する姿勢、論調は、大きく変化しました。国民の保育要求に対するこれまでの消極的、あるいは攻撃的な姿勢を一転させ、「仕事と子育ての両立支援」「多様な保育ニーズに応える」「利用しやすい保育所」などのキャッチフレーズで国民の保育要求に応える姿勢を打ち出し始めたのです。

たとえば、一九九三年の厚生省児童家庭局長私的諮問機関「これからの保育所懇談会」の提言「今後の保育所のあり方について」は、「保育需要が一層多様化してきている」なかで「入所を必要としている親のニーズに保育所が必ずしも対応できていない」ことを指摘し、「国民の期待に適切に応えていくためには、乳児保育や延長保育、一時的保育など特別保育と言われる事業を保育所の一般的機能として受け入れるという姿勢」が必要であり、「多様化する保育ニーズに対応できるよう、各種の保育サービスの選択肢を用意」することを提言したのです。

これ以後、一九九五年の「緊急保育対策五か年事業」や新エンゼル・プランなど、一連の施策のなかで、乳児保育、延長保育などの数値目標を掲げ、「保育サービス」の「量的拡大」を進めるようになったのです。

このような国・厚生労働省の保育政策、保育の「量的拡大」に対して、先に見たように国民、保育関係者のなかから疑問や批判の声が出されているのです。保育の充実に消極的であった国・厚生省に対して保育研究運動が保育の拡充を求めたかつての構図は、「逆転」してしまっているように見えます。しかも、国民の保育要求は決してなくなっているわけではありません。むしろ、待機児問題が都市を中心に深刻化し、認可外保育施設、ベビーホテルが急増していることに見られるように、保育要求は高まっているにもかかわらずです。このことをどう考えたらよいのでしょうか。

事態が複雑で困難になっていることの第一の要因は、国が一方で保育の「量的拡大」を掲げながら、同時に保育条件、水準の低下を押し進めようとしている点にあると言えるでしょう。「待機児童ゼロ作戦」が子どもの受け入れを「最小コスト」で行なう「規制緩和」策を打ち出したことに端的に見られるように、国は国民の保育要求に「応える」ことを楯に、保育制度「改革」

「規制緩和」、保育の「市場化」を強力に押し進めています。今日、多くの保育園、保育者たちは、保育条件の改善が図られないまま、むしろ保育条件の引き下げ、保育の物的・人的条件の悪化のなかで、国民の保育「ニーズ」に応えるように求められているという問題状況があるのです。

「子どもによりよい保育を実現する」ことと「国民の保育要求に応える」こととの間には、多くの場合、矛盾が存在します。今日の保育制度や条件は子ども、親、保育者のそれぞれにとって十分なものとは言えず、困難な条件のもとで、多くの保育者はさまざまな工夫や苦労を重ねています。こうした状況のもとで国民の保育要求に応え、長時間保育を実施したり、乳児の受け入れを拡大しようとすると、新たな人の配置や保育室や施設の改善を伴わなければ、子どもや保育者にしわ寄せが出てしまいます。保育の拡充には、国や自治体による財政的に裏付けられた物的・人的条件の改善が不可欠ですが、それは簡単ではありません。今日のように、保育条件の引き下げが進行し、「国民の保育要求に応える」ことと「子どもの保育を守る」こととの矛盾が激化している新しい事態のなかで、保育者は板挟みの状態に置かれることになります。ですから、「子どもの保育を守る」ために、長時間保育や定員を越える受け入れなどの実施に対して、疑問の声が生まれること自体には必然性があると言えましょう。

第二の要因は、これまでの少子化対策において、保育所の機能充実策の「強化」ばかりが進められ、労働環境の整備がほとんど進められていないこと、むしろ労働実態は厳しくなっていることにあるでしょう。「仕事と子育て」が両立できる「労働環境の整備」は、今日の最重要の課題であり、「労働環境の整備が先」という疑問の声が出されることももっともだと考えます。

しかし、これらの問題を考えるうえで重要なことは、今述べた第一に保育の「量的拡大」が保育制度の抜本的「改変」と一体となって進められ、保育条件が悪化していること、第二に労働環境の整備がほとんど進められず、むしろ働く者の実態はますます厳しくなっていることに加わえ、第三に低年齢児保育や長時間保育などの国民の保育要求が高まっているという三つのことを、一つひとつ切り離して考えるのではなく、今日の社会全体の構造的な変化のなかでトータルに見る必要があるのではないかということです。

中西新太郎氏は、今、進行しつつある「構造改革」とは、たんなる比喩ではなく、大規模な改造の性質を的確に反映した言葉であり、日本の経済・社会を国際的な経済競争を勝ち抜けるためにつくり変えることを目的として、政府財界が一体となって国家・社会制度全般にわたる改造に乗り出したものだと指摘しています。

そして、企業社会の再編と勤労者の働き方・人生展望の再編と「軌を一にした」行財政構造改革が主張され、「小さな政府」論にもとづく社会保障・福祉の切りつめ、社会保障、福祉制度の抜本的改変がこうした構造改革の一環として進められているというのです[6]。

重要なことは、「企業社会の再編」と「社会保障・福祉制度の抜本的改変」というこの二つのことが、別々のことがらとして生じているのではなく、「構造改革」の一環として、進められているということです。この点をしっかり見ておく必要があります。保育政策は、社会保障・福祉制度のなかに位置づけられるだけでなく、企業社会の再編や勤労者の働き方の再編にも深くかかわっているからです。企業社会における働き方や労働政策と保育政策は、表裏一体の関係にあるとも言えましょう。さらに保育政策は、少子化対策の一環としても位置づけられています。そうだとすると一つの問題の側面だけを取り上げて論じても、今、生じている問題の本質はとらえきれないのではないかと思います。保育の問題がさまざまな問題と複雑に絡み合い、同時に進行しているからこそ、問題をトータルにとらえ、その根底にある日本の社会全体の変化をとらえていくこと、とくに保育問題と密接にかかわる企業社会の再編や働き方の変化をおさえて、今日の保育問題を考えていくことが重要であると考えます。

またその際、国の政策に対する見方や批判と親に対する見方を区別しながら、ていねいにとらえていくことに注意を払いたいと思います。社会批判、国の政策批判がたやすく親批判と結びつきやすいからです。次章では、国家・社会制度全般にわたる「構造改革」の第一の側面、企業社会の再編と勤労者の働き方の再編について取り上げ、日本の社会全体の変化、政策動向と労働実態を明らかにしてみたいと思います。

第二章　注

（1）朝日新聞、二〇〇二年十二月二十六日
（2）朝日新聞、二〇〇三年一月十一日
（3）中野由美子・土谷みち子編著『二一世紀の親子支援』一六三～一六五頁、ブレーン出版、一九九九年
（4）清水民子「保育時間と保育内容」『季刊保育問題研究』一九四号、三七頁、新読書社、二〇〇二年四月
（5）宮里六郎「保育時間と保育内容」『季刊保育問題研究』一九九号、三六頁、新読書社、二〇〇三年三月
（6）中西新太郎「国家改造シナリオと福祉の基礎構造改革」、全国保育団体連絡会・保育研究所編『保育白書　一九九九年版』八～一〇頁、草土文化、一九九九年

第三章 家族のあり方を揺るがす日本型企業社会の再編

① 日本型企業社会の再編と学校・企業・家族の変容

グローバル経済化の流れのなかで変わろうとする日本企業

木下武男氏は、今、日本の企業社会全体に大きな変化が生じ、「日本型企業社会」と言われた「戦後の労働と生活を支えてきた日本的なシステム」が崩れつつあると指摘しています。冷戦終結後、市場経済が世界的に拡大するなかで、世界経済の統合化が進み、国際競争が激化していきます。今日の景気や雇用の悪化は一過性のものではなく、日本企業は、こうしたグローバル経済化とＩＴ技術革命のなかで、国際的競争力に立ち遅れ、途上国と欧米多国籍企業の双方から挟み撃ちされ、苦戦を強いられています。日本企業が、この状況から脱出しようとする焦燥感こそが、時代を転換させる回転軸となり「企業社会の全体が変動」することにつながっているというのです。

木下氏の見解をもう少しくわしく見てみましょう。これまでの日本の社会は、企業における年功制・能力主義による競争・格差・企業依存という構造を軸にして成り立ち、男性世帯主賃金を軸に、日本的で濃厚な性別役割分業の家族が形成され、定期一括採用と一元的能力主義教育によって企業と学校が接合していました。「労働と生活を支えてきた日本的なシステム」の中核をなす「企業の処遇制度」が崩れることは、企業社会全体の変動、学校・企業・家庭における従来の日本的なあり方の変容につながるというのです(1)。

つまり、今日生じている大きな変化は、年功制、終身雇用など企業の雇用のあり方だけにとどまらず、これまで企業社会と密接につながっていた家族や学校のあり方の「変容」をも生み出しているということでしょう。たとえば、企業によるリストラや賃金カットは、男性世帯主が「一家の大黒柱」として一家を養うという性別役割分業家族の前提をその根底から揺るがし、家族のあり方や女性労働の変容をもたらしてくるでしょう。保育の問題は、こうした家族のあり方や労働実態と深く結びついています。保育政策もまた、家族政策や労働政策と互いに関連しあいながら出されてきています。そうだとしたら、国の労働政策や家族政策の動向に目を向け、こうした日本の企業社会全体の「変動」をとらえることで、なぜ国が今まで「拒否」してきた乳児保育や長時間保育について、保育政策の方針転換を図ったのか、その底流が見えてくるのではないでしょうか。

「専業主婦モデル」から「共働きモデル」への転換

この視点を手がかりに国の保育政策の転換の背景にあるものを考えてみたいと思います。まず女性労働や家族のあり方にかかわる政策のなかから、政策転換を示唆するものを拾いだしてみましょう。労働の分野では、一九八五年の男女雇用機会均等法の成立、一九九二年の育児休業法の施行と一九九五年の同法の改正、二〇〇一年の育児・介護休業法の改正や一九九九年の男女共同参画法の成立などがあげられます。これらは、男女平等と女性の地位向上を求める国際的な世論の高まりや少子・高齢化社会の進行のもとでの女性労働力に対する期待を背景としたものと言えましょう。

また小泉内閣は税制や社会保障を「専業主婦モデル」から「共働きモデル」へと転換する政策・提言を相次いで打ち出しています。二〇〇一年六月には経済産業省が「年金の第三号被保険者制度の廃止」を提言、経済財政諮問会議も「社会保障を専業主婦モデルから共働きモデルへと転換する」ことを方針とした検討を表明しています。厚生労働省も十二月に「第三号被保険者制度の見直しやパートタイマーの厚生年金加入の拡大」を提言し、小泉内閣は政府税制調査会に

「配偶者控除の整理・縮小」を指示しています。これら一連の政策や提言からは、国の財政支出の削減と「共働きモデル」への転換という流れを読みとることができましょう。

一九九八年の厚生白書で「三歳児神話には合理的根拠がない」と述べたこと、保育の「量的拡大」を図るという厚生労働省の方針転換もまた、こうした国の政策転換の一環としてとらえることができるのではないでしょうか。保育政策は常に労働政策と表裏の関係で方向づけられるものです。そうだとすれば、まずその根底にある経済のグローバル化のなかで、雇用・労働の分野で今、何が起き、どのような転換が起きているのかを明らかにし、それとの関連で保育の問題を考えることが重要ではないかと考えるのです。

2 日本の企業社会における能力主義

雇用・労働の「転換」とその現状を論じる前に、まずその根底にある日本企業における能力主義とはどのようなものであるかを熊沢誠氏の著書『能力主義と企業社会[2]』をもとに明らかにしておきたいと思います。

高度経済成長や人手不足などを背景として、能力主義的な原則が年功制度の枠内でゆるやかに適応された第一期（一九六〇年代半ばから七〇年代半ばまで）を経て、能力主義管理が本格的に強化されたのは、オイルショックを契機とした低成長時代、円高不況のなかで、企業競争が激化した第二期（一九七〇年代後半から一九九二年頃まで）でした。

熊沢氏が明らかにする能力主義の日本的特徴は、〈高度にフレキシブルな働き方への適応〉プラス〈生活態度としての能力〉です。〈高度にフレキシブルな働き方への適応〉とは、新技術の導入、職務割り当ての転変、ノルマの増大、配転、出向など、「仕事の質と量、働く場所などに関する変動の要請に、以前よりもたえまなく、スピーディに、なじみの職場と労働への執着を捨てて対応すること」です。そして、〈生活態度としての能力〉とは「生活の全側面を『仕事第一』『会社第一』で律する生きざまを求められる[3]」ことであり、「どれほど家庭を顧みずに長時間働けるか[4]」だと言うのです。

このことは女性労働者の働き方にも大きな影響をもたらしました。〈高度にフレキシブルな働き方への適応〉プラス〈生活態度としての能力〉、「どれほど家庭を顧みずに長時間働けるか」というような働き方は、女性労働者、とくに家庭を持つ女性労働者にとっては、ことさら厳しいものとなります。そして、そのことによって、性差別が維持・拡大されていくことになります。熊沢氏は、女性労働者が「重いノルマを達成する責任、週六〇時間以上もの長時間労働、頑健な体力、ひんぱんな転勤」という働き方、「仕事と家庭との両立」の困難、そうした職業生活を求められるくらいならと、「女らしい」仕事にうずくまり、アフターファイブ中心、家庭中心の生活を選ぶことになるのだと説明しています。そして、その結果、女性労働者の一七％は所定内給与

（月額）が十四万円未満、七五％は二十二万円未満、九二％は三十万円未満であり、男性サラリーマンでは相当する比率が一・六％、二四％、五三％という賃金格差が生じているというのです。「能力主義管理は、その建前上、両性の『機会の平等』を拓くけれども、選別基準としての能力や業績のハードルを高めることを通じて結果的には性差別を維持し拡大」していくこととなったのです。(5)

3

企業社会再編と働き方の再編のルーツ

日本企業の生き残り戦略

中西氏らが指摘している「企業社会の再編と労働者の働き方の再編」のルーツは、一九九五年の日経連報告書『新時代の「日本的経営」』にあります。その後、この日経連報告書の方向に沿って一連の労働法制の規制緩和が進められてきました。まず、日経連報告書『新時代の「日本的経営」』の内容を見てみましょう。

日経連は、この報告書において、日本企業が長期不況と経済のグローバル化のなかで国際的な競争を勝ち抜き二一世紀を展望するためには、「高コスト体質」の打破、総額人件費の削減が至

表1　雇用グループ別にみた処遇の主な内容

	雇用形態	対　象	賃　金	賞　与	退職金・年　金	昇進・昇　格	福祉施策
長期蓄積能力活用型グループ	期間の定めない雇用契約	管理職・総合職・技能部門の基幹職	月給制か年俸制 職能給 昇給制度	定率＋業績スライド	ポイント制	役職昇進 職能資格 昇給	生涯総合施策
高度専門能力活用型グループ	有期雇用契約	専門部門（企画、営業、研究開発等）	年俸制 業績給 昇給なし	成果配分	なし	業績評価	生活援護施策
雇用柔軟型グループ	有期雇用契約	一般職 技能部門 販売部門	時間給制 職務給 昇給なし	定率	なし	上位職務への転換	生活援護施策

日本経営者団体連盟『新時代の「日本的経営」』(1995年) より

上命題であると述べ、これまでの「正規雇用・長期勤続・年功的処遇」をモデルとする日本的雇用慣行を大胆に転換することが課題だとしています。

「新・日本的経営」における人事管理戦略の中心的施策は「人材のフレキシブルな活用」と「能力・業績（成果）重視の人事処遇」であり、これからの企業が活用すべき労働者類型を「長期蓄積能力活用型」「高度専門能力活用型」「雇用柔軟型」の三つのタイプに区分して、職務に対応した効率的活用を打ち出しています（表1）。

この三つのタイプのうち正社員として長期雇用が前提とされるのは「長期蓄積能力活用型」労働者だけです。「高度専門能力活用型」労働者は、その時々の業績・成果が賃金額を決定する年俸制や業績給であり、パート・アルバイトなどの「雇用柔軟型」労働者は、時間給や職務給です。「高度専門能力活用型」「雇用柔軟型」のどちらの場合も「昇給なし・退職金なし・福利厚生は限定」とされています。その際、日経連には、多くの女性労働者を短期雇用の低賃金労働者としてフレキシブルに活用する意図があったとされています。(6)

労働法制の規制緩和

同時に、日経連の「新・日本的経営」の方向に沿って労働法制の規制緩和が進められました。労働時間・賃金などすべてにわたるルールを取り払い、労働者の非正規化を推進する方向での労働法制の規制緩和は、すでに一九八〇年代半ばから始められています。

第一に、非正規雇用の拡大、雇用の流動化を押し進める労働法制の規制緩和です。一九八五年には労働者派遣法及び職業安定法が「改悪」されました。職業紹介は国が無料で行なうものとし、少数の例外を除き営利職業紹介を犯罪に処すとしていた規定を変え、派遣労働を合法化したのです。八五年制定当時は「専門的な知識、技術又は経験を必要とする業務」と規定され、十六業務に限定されていましたが、一九九六年の「改正」により対象業務は二十六業務に拡大されました。一九九九年労働者派遣法の「改正」では、さらに対象業務が拡大され原則自由となりました。

また一九九八年の労基法「改正」では、「三年未満短期雇用契約」が認められることとなりました。それまでは「期間の定めのないもの」を除き、雇用期間は一年以内と定められていたため、一年間の短期間を越えて労働者を働かせる時は、期間の定めのない雇用契約であるとみなされ、期限切れという理由での解雇は無効になり、安定雇用が実現することに役立っていました。しかし、この規制を取り払い、三年未満に期間を切った雇用契約を認めることとなったのです。

第二は、一日八時間労働制を崩す変形労働制の拡大や裁量労働制の導入です。一九八七年労働基準法「改正」において、四週間単位であった変形労働時間制を一ヵ月単位、三ヵ月単位、一週間単位にも広げました。さらに一九九三年の労働基準法「改正」では、一年単位変形労働制を導入し、労働時間については、一日の上限九時間、週上限四十八時間を、一日の上限十時間、週上限五十二時間へと引き上げました。しかも三ヵ月ごとに区分して各労働日ごとの労働時間を決めておかなければならないとなっていたものを「一ヵ月以上前」に短縮し、一層の「弾力化」を図りました。これによって、労働者は一年間もの長い間、変形労働に組み入れられながら、一ヵ月以上先の自分の労働スケジュールを知ることができなくなってしまったと言われます(7)。

また裁量労働制は、一九八七年の労働基準法「改正」において、対象業務を限定して認める「専門業務型」が導入されました。「業務の性質上通常の方法による労働時間の算定が適切でない業務」についての「みなし労働時間制（専門型裁量労働制）」の導入です。裁量労働制とは「じっさいに何時間働いたかに関係なく『労使協定で決めた時間だけ働いたものとみなす』『働いていても働いたとみなさない』というもの」です。一日八時間労働制を根本から崩し、「賃金と時間の関係を断ち切り、企業が査定する『労働の成果』で賃金が決まるという、能力主義管理」に結びつき、「不払い残業の『合法化』」につながるものでもあることが指摘されています[8]。この裁量労働制は、一九九八年労働基準法の「改正」でその対象がホワイトカラーにまで拡大されました（二〇〇〇年実施）。

女性労働者に対しては、一九九七年の男女雇用機会均等法改正と引き換えに、同年「女子保護」規定が撤廃されました。女性の年間残業上限百五十時間、深夜、休日労働の禁止を定めた「女子保護」規定を全面的に廃止したのです。

第三章　注

（1）木下武男「時代転換期における労働と生活の地殻変動」『ポリティーク』第三号、六〜七頁、旬報社、二〇〇二年一月
（2）熊沢誠『能力主義と企業社会』、岩波新書、一九九七年
（3）同右、三四〜四〇頁
（4）熊沢誠『女性労働と企業社会』一二九頁、岩波新書、二〇〇〇年
（5）熊沢誠『能力主義と企業社会』一二八〜一二九頁
（6）森ます美「破壊される女性正規労働者の雇用と賃金」、中野麻美他編『労働ビッグバンと女の仕事・賃金』一七三〜一七五頁、青木書店、一九九八年
（7）坂本修『暴走するリストラと労働のルール』一〇四〜一〇五頁、新日本出版社、二〇〇一年
（8）同右、一〇六頁

〈手記〉保育園父母の労働実態と仕事への思い②

赤ん坊のいる料理店の生活

——お客さんとの会話に励まされて

日本料理の店「このぶ」店主　高松　宣雄

朝六時、けたたましく目覚まし時計が鳴る。眠いのを必死で圧し殺し、ふとんからはい出る。昨日は夜の十二時までお客様がいて、それから食事とお風呂、たしか寝たのは、二時過ぎであった。

土曜日の今日は二十一名の宴会の予約が入っていて、築地の魚河岸まで仕入れに行かなければならない。一昨日、昨日と少しずつ準備はしてきたが、お魚は新鮮でなければ美味しくないものが多い。

さらに、今日は娘の運動会が九時から行なわれる。私たち両親は、ずーっと前から楽しみにしていて、応援にお弁当を持っていこうと話し合っていた。宴会の予約が入ったのは、五日前であった。どうしても断ることができないお客様で、妻と相談して、運動会には妻が行き、私は宴会のはじまる夕方五時まで準備に専念することにした。宴会のための食器の準備、近所で求めることができる食材の買い物、店のそうじ、テーブルのセッティングなどの仕事は、妻が十二時に終わる運動会の後にすることになった。

当然、娘がいては、その仕事ははかどらない。さっそく保育園によくよく事情を話し、運動会が終わってからの保育をお願いした。ところが、なんと保育希望者の受け付けはすでに終了していた。ほとほと困ってしまった。高齢である妻の父親に遠方より来ていただこうとも考えたが、なにかあったら声をかけて、といつも言ってくれる同じ組の仲良しの母親に、恐縮ながらお願いしたところ、二つ返事で快く引き受けてくれた。私の勝手な思いだが、保育園にもっと弾力性があったらなあーと思ったりもする。

都市銀行に永い間働いてきたが、将来を考えて退職し料理の店「このぶ」を始めて五年が経つ。サラリーマンの時と違い、自営業は、朝起きてから夜寝るまで仕事がある。バブル崩壊後の、戦後最大の不況のなかで、長時間労働と低収入。元気を出して、笑顔で商売するのはきつい。

娘は、四月生まれ。店は同じ年の八月のオープン。

妻は、私と同じ銀行で働いていた。朝、娘を連れて保育園に。銀行で一日働き、残業も拒否をして、一目散に保育園に娘を迎えに行き、帰ってくればすでにお客様はいらっしゃる。休む間もなく、店の手伝いをしながら、その場で娘に夕食を。その間にも注文の品をお客様に運ぶ。娘がトイレに行くという。抱きながら連れていく。娘は食事が終われば、機嫌のいい時ばかりではない。泣く、騒ぐ。お客様の迷惑にならぬように、気分を変えるため店の外へ連れ出す。店の中でのイタズラ、あそび。そのうち十時にもなると椅子に座ったまま寝てしまう。料理屋で、赤ん坊のいる店は、ごくごく少ない。幸いにも娘は、丈夫でほとんど病気をしたことがない。美人で可愛く、常連さんにはとても好かれて、おもちゃをいただいたり遊んでもらったりとファンも多く、私のほうが恐縮してしまう。

しかし、こういう生活は、長くは続けられない。妻の初めての子育ての大変さ。家事と銀行でのフルタイムの仕事との両立のうえに、慣れない店での接客。こうした妻の現状を大変だとは思いつつよく理解せず、やさしい言葉や思いやりの気持ちを示さない夫。とうとう妻は身体の不調を感ずるようになった。

一昨年、妻は銀行を退社し、夫婦でお昼の食事を中心にと、店の方針を切り替えた。昼の食事は、娘が保育園に行っているので安心して、夫婦で仕事に専念できる。夜は、宴会の予約を引きうけて営業。親子三人の生活リズムが、最近少しずつ軌道に乗りつつある。

お客様の「おいしかった」のひとこと。こうした常連さんとの会話は、自分の店を持ったことで味わえる喜びだと思っている。店ではじめた「陶芸教室」も、趣味から実際に店で使う器作りへと発展し、会話も楽しい。また近い将来、店での「料理教室」を展望している。

いろいろな人との出会いと語らい、自営業者を苦しめている政治のあり方をまともにしようと連帯しあう同業者仲間との運動などは、銀行員では味わえなかった経験だと思う。定年のない自営業は「生涯現役」であり、ゆったりとした気持ちで、楽しみながら働き続けたいと思っている。妻も私も、朝が来たら元気で働けるように、たまには好きな映画や山歩きなどもスケジュールに入れて。

娘も来年は一年生になる。

第四章

労働現場の実態と若年・女性労働をとらえる視点

1 「高度失業化社会」の到来と雇用の流動化

日本企業の生き残り戦略とそれに沿って進められた労働法制の規制緩和は、労働現場に何をもたらしたでしょうか。現在の日本の労働現場では何が起こっているでしょうか。具体的に見ていくことにします。

第一は、失業率の急増です。一九九二年以降、完全失業率は上昇し続けています。二〇〇三年一月の完全失業率は、過去最悪だった二〇〇二年一〇月と並ぶ五・五％、完全失業者数は前年同月よりも十三万人多い三百五十七万人でした。(1)わが国の労働力調査によれば「完全失業」とは毎月末日に終わる一週間中に収入を伴う仕事を一時間以上しなかった者のうち「就業が可能で、これを希望し、かつ、求職活動をした場合」と定義されています。したがって、就業を希望している失業者でもあきらめて求職活動をしていない者は、完全失業者から除外されます。また、臨時雇いなど、有業者として偽装され、不安定で労働条件が劣悪な潜在的失業者が多数存在するとの指摘もあります。このような潜在失業者を加えると失業率は一〇%を越え、今後、完全失業率も一〇%に近づくとの指摘もあります。

この結果、有業者数が減少し、有業率も低下しています。図1は総務省統計局「就業構造基本調査」より、有業者数、有業率の推移を示したものです。二〇〇二年には一九九七年と比べ、有業者は約二百万人（三・〇%）の減少で、有業者が減少したのは一九五六年の調査開始以来初めてのことです。また、二〇〇二年の有業者の割合（有業率）は五九・五%で三・三ポイント低下しましたが、有業率が六〇%台を割るのも調査開始以来初めてのことだということです。

ヨーロッパでは、深刻な高失業率に対して、「労働者は搾取の段階を過ぎて、今や歴史上初めて搾取もされない余剰の人となった」（ミッシェル・アルベール[2]）、「人間はもはや搾取の対象でさえなくなった。いまや人間は排除の対象になった」（ヴィヴヤアンヌ・フォレステル）と言われています。内橋克人氏は、日本の社会も多くの人々が「排除の対象」「余剰の人」となる「高度失業化社会」が到来しつつあると述べています。それは、企業による「絶えざるリストラ」の競い合いのなかで、「ごく一部のテクノクラートを除けば、すべての被雇用者は日常的に『解雇予備軍』として位置づけられる[3]」という事態の進行でもあるというのです。テクノクラートとは、高

図1　有業者数・有業率の推移

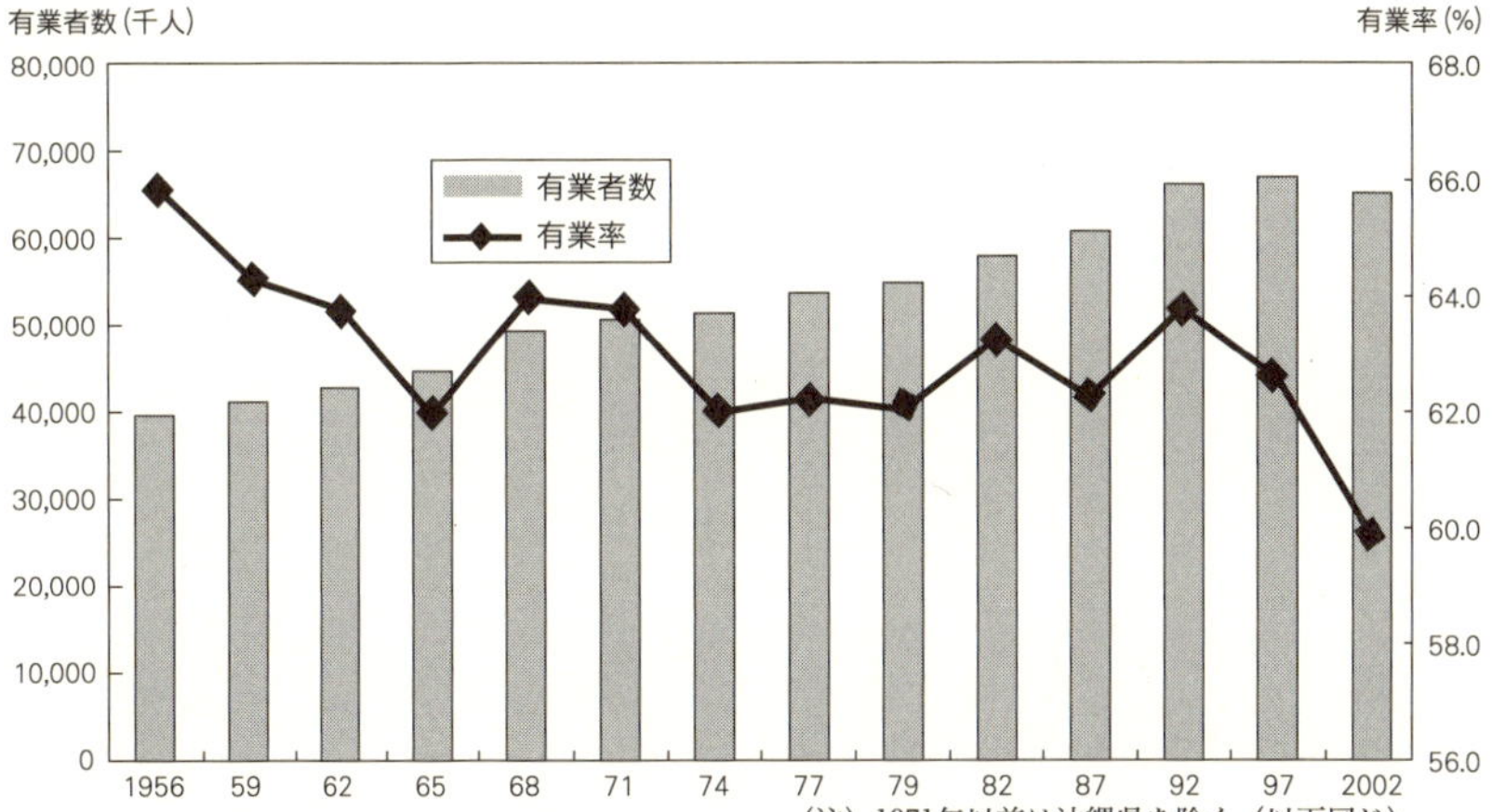

（注）1971年以前は沖縄県を除く（以下同じ）。

総務省統計局「平成14年 就業構造基本調査 結果の概要」より

度の科学的知識、専門的技術に基づく管理・運営・操作能力を持つことによって社会や組織の意思決定に重要な影響力を行使しうる人々のことです。先に紹介した日経連の報告書が、管理職・総合職・技能部門の基幹職を対象とした「長期蓄積能力活用型グループ」だけを「期間の定めない雇用契約」、つまり正社員の長期雇用とし、それ以外のすべての雇用者を「有期雇用契約」としていたことを思い起こせば、ごく一部のテクノクラートを除く、すべての雇用者が「解雇予備軍」に位置づけられるという内橋の指摘を理解することができるのではないでしょうか。

　第二に、非正規雇用の急増です。先に述べたように、労働者派遣法、労働基準法の女子保護規定の撤廃や労働時間の規制緩和など労働分野での一連の規制緩和が進められた一九九〇年代後半以降、労働市場の動向は一変し、正規と非正規の入れ替えによる雇用流動化が著しく進んでいます。

雇用形態別の雇用者の推移を見てみましょう。「パート」や「アルバイト」などの非正規就業者の割合が大幅に上昇し、男性は一九八二年の七・六%から二〇〇二年には一四・八%、女性では三〇・七%から五〇・七%へと上昇を続けています（図2）。とくに一九九七年からの五年間は男性四・七ポイント、女性八・五ポイントと大幅に上昇していることがわかります。「アルバイト」の雇用者数の推移も、一九八七年の約百九十万人から二〇〇二年には四百二十万人と大幅な増加を続け、二・二倍となっています。この結果、雇用者に占めるアルバイトの割合も上昇し、男性で六・五%、女性で九・五%となり、一九八七年に比べるとやはり約二倍となっています（総務省統計局「就業構造基本調査」）。

図2　男女別非正規就業者の割合の推移

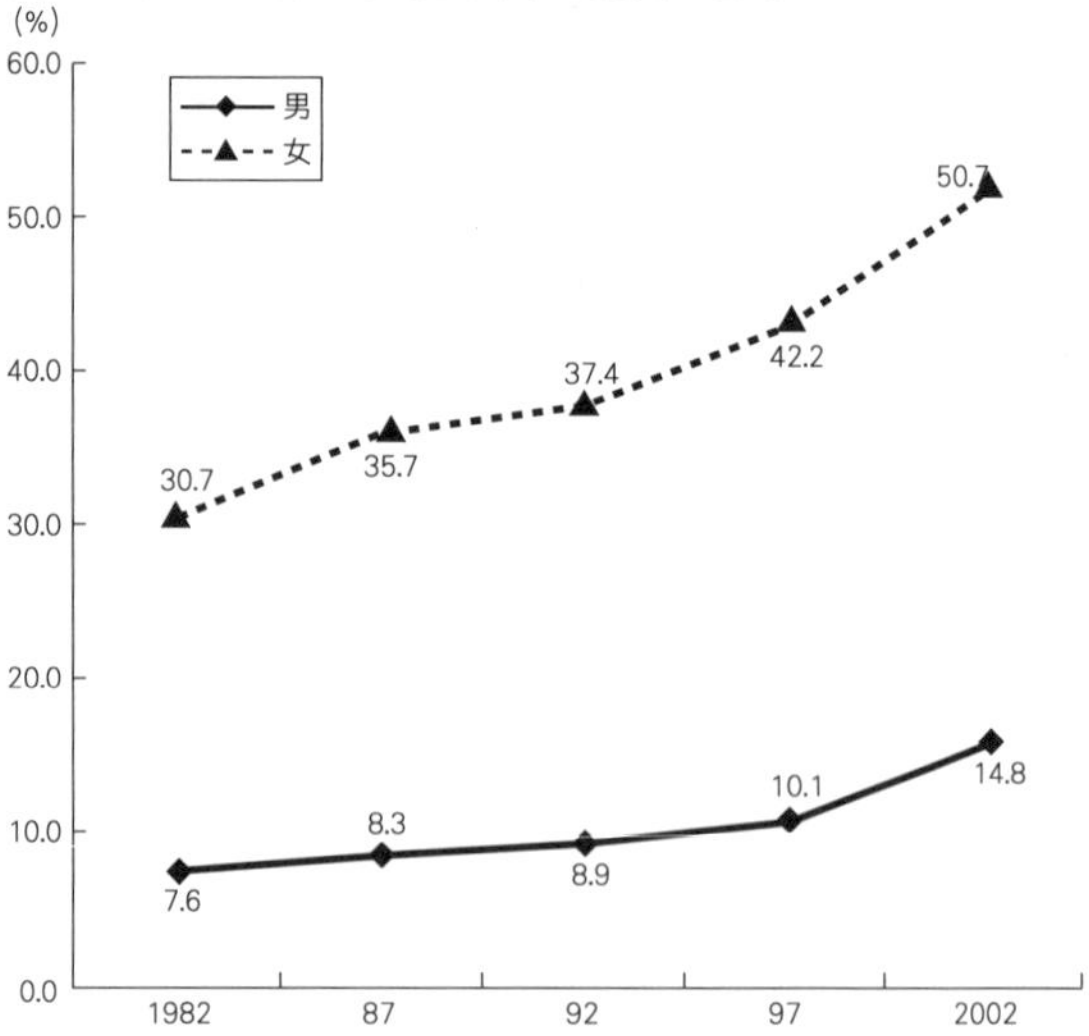

総務省統計局「平成14年 就業構造基本調査 結果の概要」より

これらの事態は保育現場と無関係ではありません。正規雇用の労働者をごく少数にして、他は一年契約の臨時・嘱託などの「高度専門能力活用型」労働者とパート・アルバイトなどの「雇用柔軟型」労働者を組み合わせて運営していくという方向は、規制緩和のなかで、企業の保育園に端的に現れていますが、公立保育園においてもこの傾向を見ることができます。たとえば、二〇〇二年に実施された三重県下自治体の実態調査「公立保育所における臨時・嘱託職員の状況」は、直接保育にかかわる保育士三千二百二十一人のうち、身分が不安定な臨時保育士、パート保育士は千五百六十九人、全体の四九％、市段階では五一％を占めていることを明らかにしています。また、パート保育士を除いた常勤的に働く臨時保育士は九百九十九人で、その比率は三八％、市段階では四〇％となっており、なかには正規保育士と臨時保育士の人数が逆転している市も二市あるというのです(4)。

二〇〇二年に出された全国労働組合総連合パート・臨時労組連絡会「パート・臨時などで働くみんなの実態アンケート調査報告書(5)」には、パートや臨時職員として働く保育士の声も紹介されています。そのなかでは、パートや臨時保育士の仕事を正当に評価し、それに見合った労働条件や待遇を求める声、同じ保育者として対等に、働く仲間として扱ってほしいという声が出されています。

・正職とまったくかわりない仕事をして担任ももっています。しかし、それに見合った賃金が支給されていません。同じ仕事をしているのだから、正職との差別をすべての面でなくしてほしい。子どもたちにとって同じ先生なのだから。

・公立保育園でパートをしていますが、正職と同じ資格を持っていても汚れた仕事、力仕事が多いです。……資格のない人もいますが、労働条件・時給はまったく同じ。しかも資格がないから補助的な仕事、有るからと一人前の仕事をさせられます。……使ってやっていると思われていることも多いので、表だって文句も言えません。……人間関係が良く上下関係もなく、認め合って働ける職場が理想です。

・何か一つのことを決めるときでも、その仲間に参加できず（声をかけてもらえず）決まってから、あなた（臨職）は、これをやって、と指示をされることが納得がいかない。『臨職さんは声出ししないで』と言われた時は本当に何のために働いているのか、考えさせられた。

同時に、身分の不安定さ、民営化の流れのなかで働き続けられるのかという不安の声が数多く寄せられています。

・今この市は赤字再建団体にいつ陥るか分からない状態なので、そうなった時、雇用が継続されなくなるのではないかと心配です。

・保育所の民間移譲の問題が一番大きな心配、問題である。公立として市は責任をもって欲しい。民営化になればはじき飛ばされて職を失うのが、私たち嘱託。生活の不安が一番心を重くしている。仕事に誇りと意欲を持って働き続けたいと望んでいる。

・近隣他市はどんどん保育所が民営化されています。私たちの市もいつ打ち出して来るか分からない状態です。そうなると一番に私たちパート保育士、アルバイト保育士が解雇されます。毎日、不安に思いながら仕事をしています。

・公立保育所の民営化がされているので、私たち非常勤は職場がなくなってしまうと思うと不安。

・ケガや病気等になったら契約を切られるかと思うととても不安。

パート・臨時保育士の声は非常に痛切です。今日の保育園の「民営化」「規制緩和」問題は、保育労働者の非正規化、労働条件の切り下げの問題として、正規保育士だけでなく、非正規保育士も視野に入れて考えていく必要があると考えます。

②　実質賃金の低下と労働条件の悪化

こうした非正規雇用者の増加は、賃金の低下や所得格差の拡大をもたらします。図3は、「就業構造基本調査」から、一九九七年と二〇〇二年の雇用者の年間所得の増減率を図に作成したものです。男性では三百万円未満の者が大幅に増加し、反対に三百万円以上の者が大幅に減少して

図3　1997年と2002年の雇用者年間所得の増減率

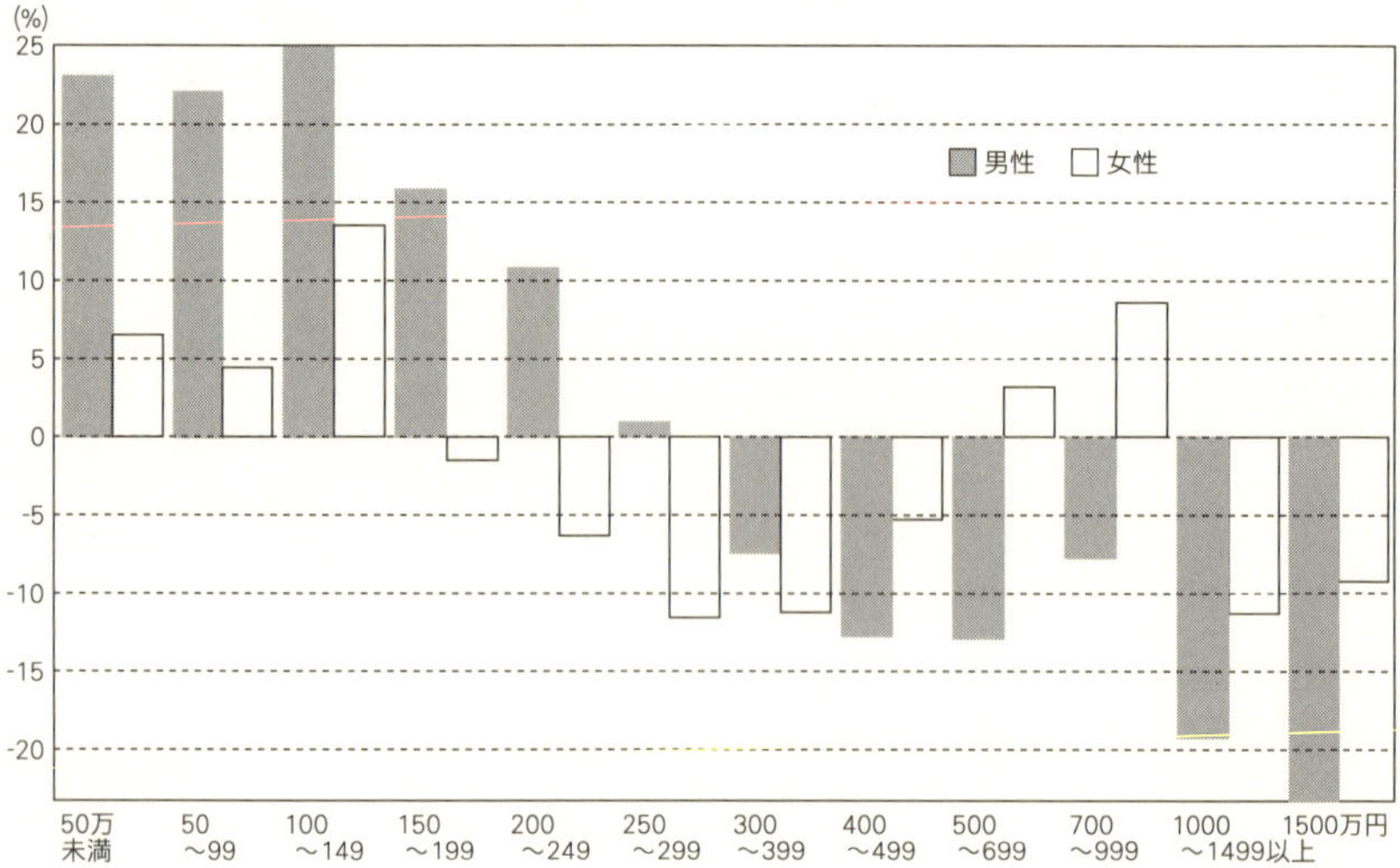

総務省統計局「平成14年 就業構造基本調査 結果の概要」より作成

います。女性では、五百万円から九百九十九万円までの者が増加する一方で、百五十万円未満の者が増加し、百五十~四百九十九万円の者も減少するなど所得格差が拡大していることがわかります。

有期雇用制度の導入が職場やそこで働く労働者の状況をどのように変えたのか、航空労組連絡会の内田妙子さんの報告「国際競争時代、急変する雇用形態~航空リストラと短期契約制度導入三年後の現状[6]」をもとにその現状を具体的に見てみましょう。

短期契約客室乗務員制度が導入されたのは一九九四年、今では民間航空会社八社の採用は、すべて短期契約制度に限られています。契約制比率の推移を契約制導入時の一九九四年と一九九八年で比較すると、JAL二%から二七%、ANA八%から四四%、JAS

表１　航空３社契約制客室乗務員・正社員在籍状況の推移（除く管理職）

客室乗務員連絡会本部事務局作成　1998/3/25

①94年導入当時契約制１次採用時点（JAL-94/11/15、ANA-95/5月、JAS-94/12/26）

	JAL	ANA	JAS	TTL
正社員数	5620	3354	1185	10159
契約制数	104	304	35	443
契約制比率	2%	8%	3%	4%

JAL－日本航空、ANA－全日空、JAS－日本エアシステム

②98年在籍数（JALは3/1、ANAは1/1、JASは2/1現在）

	JAL	ANA	JAS	TTL
正社員数	4861	2561	759	8136
契約から正	内255は契約から	内250は契約から		475
契約制数	1753	1983	851	4587
契約制比率	27%	44%	53%	36%
外国人乗務員	900			
契＋外比率	35%			

上記以外に98年度要員契約制採用済み
JAL－309、JAS－100

内田妙子「国際競争時代、急変する雇用形態」中野麻美他編『労働ビッグバンと女の仕事・賃金』（青木書店、1998年）より

三％から五三％と大幅に増えています。日本エアシステム（ＪＡＳ）では正社員と契約社員の比率が逆転し、契約社員は二人に一人以上の割合となっています（表１）。

契約制客室乗務員の賃金は、現行正社員とは異なる非常に低いものです。日本航空（ＪＡＬ）では契約制度客室乗務員三年を経て正社員になる客室乗務員について、正社員とは異なる賃金体系を新たに設定しました。その賃金の乗務手当て単価／時間は、契約三年目で九百円、正社員化後で千円であり、契約制度とほとんど変わらない賃金水準です。

また、日本航空では一九九七年から特別早期退職優遇措置と退職後の再雇用制度とをセットにしました。この再雇用制度の契約乗務員の賃金は路線別に路線手当てが設定されていますが、通勤制度、福利厚生制度は契約制

度と同水準で、年収は二百四十万円前後。九七年より再雇用制度の契約乗務員が乗務している日本航空の子会社ジャパンエアチャーターでは、一ヵ月に二回程度の乗務で年収が九十万円前後というのです。

さらに契約制が主流となるなかで、正社員の賃金、勤務・福利厚生などの労働条件の大幅な切り下げが行なわれました。とくに月例賃金の五割以上を占める乗務手当では、日本航空では約二分の一の単価／時間（キャビンコーディネーター＝以前のパーサーの場合、約四千円〜五千円が二千二百円〜二千七百円）となり、一回の勤務の制限についても大幅な切り下げ（乗務時間九時間・勤務時間十三時間が乗務時間制限なし・勤務時間二十時間まで可能）が行なわれました。

同時に、日本航空では一九九四年の短期契約制度導入と並行して、国内線勤務専属の正社員の国際線への配転を強制的に行ないました。国内線と国際線では、休日や宿泊日数、勤務変更など勤務条件が大きく異なります。子どもがいたり、健康上の理由から国内線専属でどうにか仕事を続けてきた乗務員にとっては、国際線への配属は退職強要を意味します。

また、国際線においても、機内免税品の販売競争や顧客獲得などのノルマが課せられ、業務が一層厳しくなりました。短期契約制度の拡大と並行して進められた退職強要、労働強化のなかで、正社員の退職が年々増加し、三年間に退職した者の数は、日本航空・全日空・日本エアシステムの三社で二千四百九十八名にのぼっていると言います。

契約制度導入時、この制度の導入を認めた労働組合の見解は「雇用の多様化・流動化は時代の流れであり、契約制導入で正規社員の雇用と労働条件は守られる」というものでした。しかし、実際には契約制度が「客室乗務員の労働条件を限りなく切り下げ」、「すべての労働条件を短期契約制度の水準」にするものであったというのです。「新規採用は契約制度に限り、正社員の労働条件を切り下げることで厳しい環境におき正社員をいったん退職させ再度契約制で雇用する」という施策は今後航空各社に広がっていくことも考えられると内田さんは指摘しています。

二〇〇三年、朝日新聞は「日本航空　深夜業免除　抽選で七五人」と報じました。日本航空が日本エアシステムとの経営統合で国内路線が再構築されることを理由として、四月から育児や介護のために深夜の業務を免除してきた客室乗務員を抽選で七十五人に絞ることを決めたというのです。深夜業務の免除は、育児・介護休業法に基づき九九年度より運用されてきました。これまでは希望者全員（約百人）に適応され、一度申請すれば六ヵ月間は深夜勤務を免除され日帰り乗務についてきたのですが、今回の制度変更で、抽選に外れた場合は、たとえば南米への約十泊の出張が入る可能性もあるというのです。同社の客室乗務員組合が組合員以外の対象者も含めてアンケートしたところ、回答した約五十人のうち約半数が「辞めざるを得ないかもしれない」と答え、同組合は会社側と交渉中と記事は書いています。(7)

経済評論家の内橋克人氏も、契約スチュワーデスの導入が航空産業の労働者の実質賃金の大幅な低下をもたらしたと指摘しています。日本エアシステムの契約スチュワーデスは、乗務時間中の時間給はたったの千二百円、諸手当込みの年収は約二百四十万円（会社側試算）です。仮に正社員の採用があったとすれば、三年目の大卒正社員の給料は五百三十二万（組合試算）、契約スチュワーデスの賃金は、正社員の半分以下という低水準です。スチュワーデスの実質賃金は単純に計算しても三年間で一六％以上確実に下がってしまうことになると内橋氏は述べています。アメリカで、一九七八年に年収二万一千八百八十二ドルだった航空産業で働く労働者の実質賃金は、一九九二年には二四％も下がり、一万八千八百三ドルまで目減りしてしまいました。アメリカで実質賃金が二四％下がるのにかかった年数は十四年、「日本ではアメリカで起こったよりももっと急ピッチで賃金破壊が進むことになる」と内橋氏は言うのです。

規制緩和で強調される「既得権の見直し」とは「企業の市場への参入障壁の撤廃」だけを指すのではなく、「雇用・労働の場でかちとられてきた権利、逆に言えば、雇用側に対して課せられてきた『人を働かせるに際しての規制』の撤廃」、「雇用のナショナルミニマム（全国的に定められた雇用・福祉の最低条件）の総入れ替え[8]」を意味していると内橋氏は述べています。

今、多くの企業で定期昇給の圧縮、賃下げ案の導入が検討され、人員削減が強行されようとしており、今後ますます労働環境が厳しい事態を迎えることが予測されます。これまでのことを見れば、内橋氏が指摘している「雇用・労働の場でかちとられてきた権利」の「撤廃」、賃金の低下と労働条件の悪化が、「構造改革」による規制緩和のなかで進められつつあることは明らかでしょう。

3 一つの仕事で暮らせない
長時間低賃金労働と「複合就労」の広がり

パート労働者の約一割が複数の仕事をかけ持ち

実質賃金の低下のもとで、とりわけ賃金の低いパート、アルバイトや契約社員が、生活を成り立たせていくのは容易ではありません。後に述べるように、「アルバイト」に長時間労働の増加傾向が見られるなど、低賃金で長時間働き続ける人々が増えるとともに、一つの仕事だけでは生活を維持することが困難であるため、複数の仕事をかけ持ちで働く＝「複合就労」する人々が増えてきています。

内橋氏は全国のタクシー運転手の平均年収は三百三十三万八千円、競争が激しくなるにつれて他の業種との差が拡大し、この世界では年金生活者か、主婦アルバイトのドライバーなど、「他の所得源」を持たない人がプロとして仕事を続けることが困難になってきていると指摘しています。「総労働時間は長くなり、人間労働はワリの合わないものとなっていく（投入した知力・労力に対して報酬が引き合わない）。すでに二つ、三つのパートをかけ持ちして家計を助け、辛うじてマイホームのローン返済を支えている日本の主婦が激増している」[9]と言うのです。

複数の仕事をかけ持ちして働く「複合就労」は、一九九三年のパート労働法施行、九四年の労基法改正をきっかけとしたパートの時間短縮、「パートのパート化」[10]のなかで広がってきたと言われます。労基法の改正により勤続六ヵ月で有給休暇が取得可能となり、週四十時間労働が法制化されましたが、企業では逆に有給などの負担をまぬがれるために労働時間を切り下げるという動きが広がったのです。

酒井和子氏は、一九九四年から一九九七年の間にパートホットラインに寄せられた声を紹介し、パート労働の厳しい実態を明らかにしています。[11]パート労働法や時短を逆手にとった労働時間の切り下げが広がり、不況を口実とした解雇や賃下げも目立ったと酒井氏は指摘しています。いくつかの事例を紹介しましょう。

①一年契約で三年勤続。週四十時間働いているが、制度が変わって再更新で二十三〜三十五時間しか働けなくなる（百貨店）。

②時給を八百円にすると約束していたのに、不況を理由に七百四十円のまま。月〜金十時〜四時までの勤務を、月〜水の三日にしてほしいと言われた。それでは生活できないので困る（衣料卸業）。

③六年勤続してきたが、四月から一日五時間、二ヵ月契約にすると一方的に通告された（郵便

局)。

④昨年九月までは九時~四時の勤務だったが、十月から九時~三時になり、今年十月から午前中だけと言われた。困ると言ったら週二日(火・木)にされた。やむなく違う会社でも月・水・金の十時~二時に働いている(包装材料製造)。

⑤勤続十年。週五日で一日六時間四十五分勤務だったが、契約更新のとき、一日四時間三十分に短縮されてしまった。年収が百万円くらいに減ってしまうので、近くのスーパーとかけもちで働くようになった(スーパー)。

⑥一年契約で五年は自動更新。慣例として五年たったら日給も有給も元に戻り、一ヵ月休んだら再契約になる。時給は毎年十円ずつあがるが八百五十円で打ち止め。パートは事務から窓口業務までなんでもやっている。残業もある(地方銀行)。

パートの労働時間を短縮されたり、賃金を切り下げられた結果、一定の収入を不可欠とするパート労働者のなかに夜十時から早朝五時まで弁当工場で流れ作業につく、スーパー開店前の早朝に生鮮食品の包装をする、外食チェーン店で夜九時から深夜までウェイトレスをするなど、時給の高い深夜勤務や変則勤務時間に働く者が出てきました。[12] 同時に、生活のためにパートのかけ持ちをする「複合就労」する人々も増えてきているのです。

「パート・臨時などで働くみんなの実態アンケート調査報告書」(全国労働組合総連合　パー

ト・臨時労組連絡会）によれば、パートなどで働く者のうち、二ヵ所以上の事業者で働く「ダブルワーク」（複合就労）している者の割合は、各年代でほぼ一割です。ダブルワークしている人の男女別の割合を見ると、男性では二十代が最も多く四〇・八％、女性では四十代が三八・一％、五十代が三一・八％と多くなっています。

複合労働する女性たちの生活実態

また、百三十二人の「複合就労」する女性の調査からは、次の点が明らかにされています[13]。

・年齢は二十代から五十代まで
・年収は三百万円（月収二十万円前後）
・生計を維持するためには年間労働時間が二千四百〜三千時間
・きっかけはリストラ、収入減少
・目的は生計維持、専門性、家事・育児
・シングルや母子家庭の女性に多い
・半数以上が「複合就労」を望んでいない
・メインの職場がない人が四割

・合計しても収入が少ないと感じる人が五割
・有給休暇は四割がなし、雇用保険は六割が未加入

「いつから『複合就労』を始めたか」で、一年前三〇％、二年前一一％、三年前・三年以上前二六％です。計六七％が一年以上の長期に渡って「複合就労」を続けており、「一時的な短期間の『かけもち就労』ではなく、長期的な働き方として『複合就労』」が大多数を占めています。また、一人あたりの「複合就労」件数では、二件が最も多く九十八人ですが、三件三十人、四件四人と、三つ、四つの仕事をかけ持ちする人もいます。

「特徴的なのは、転職後、正社員として就職できず、生計をたてるために『複合就労』を選ばざるをえないという層が年代を越えて存在」しており、「特にシングルや母子家庭の場合、正社員であっても賃金が低いことが『複合就労』を選ぶ理由になっており、『長時間労働低賃金』という状態に置かれている」と調査は指摘しています。

この調査より、「複合就労」する女性たちの一週間のスケジュールを紹介しましょう（図4）。

①〈パート＋パート〉

母子家庭、三人の子どもを持つ四十代の女性。印刷（パート）とファミリーレストランのウエイトレス（パート）で週七日、一日の休みもなく働いています。一週間の労働時間は印刷三

図4 複合労働する女性たちの1週間のスケジュール

①パート+パート

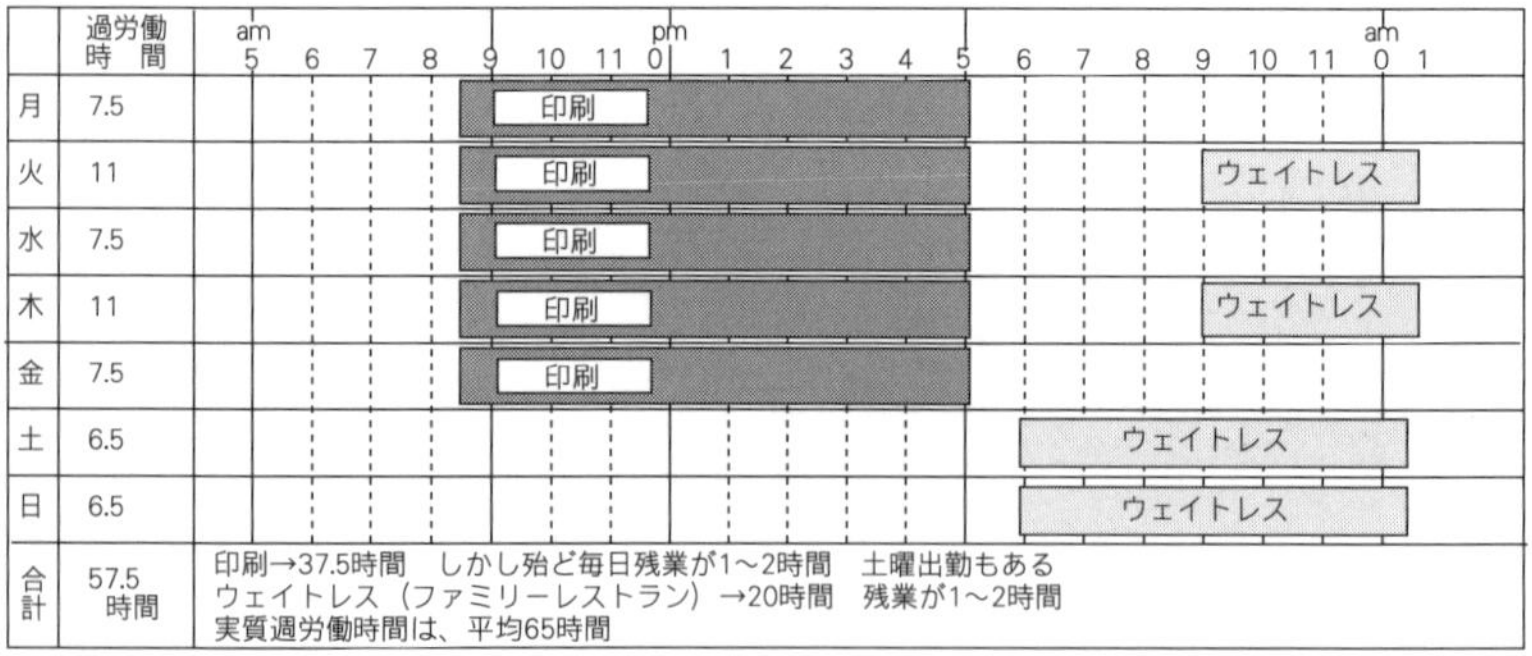

②正社員+パート

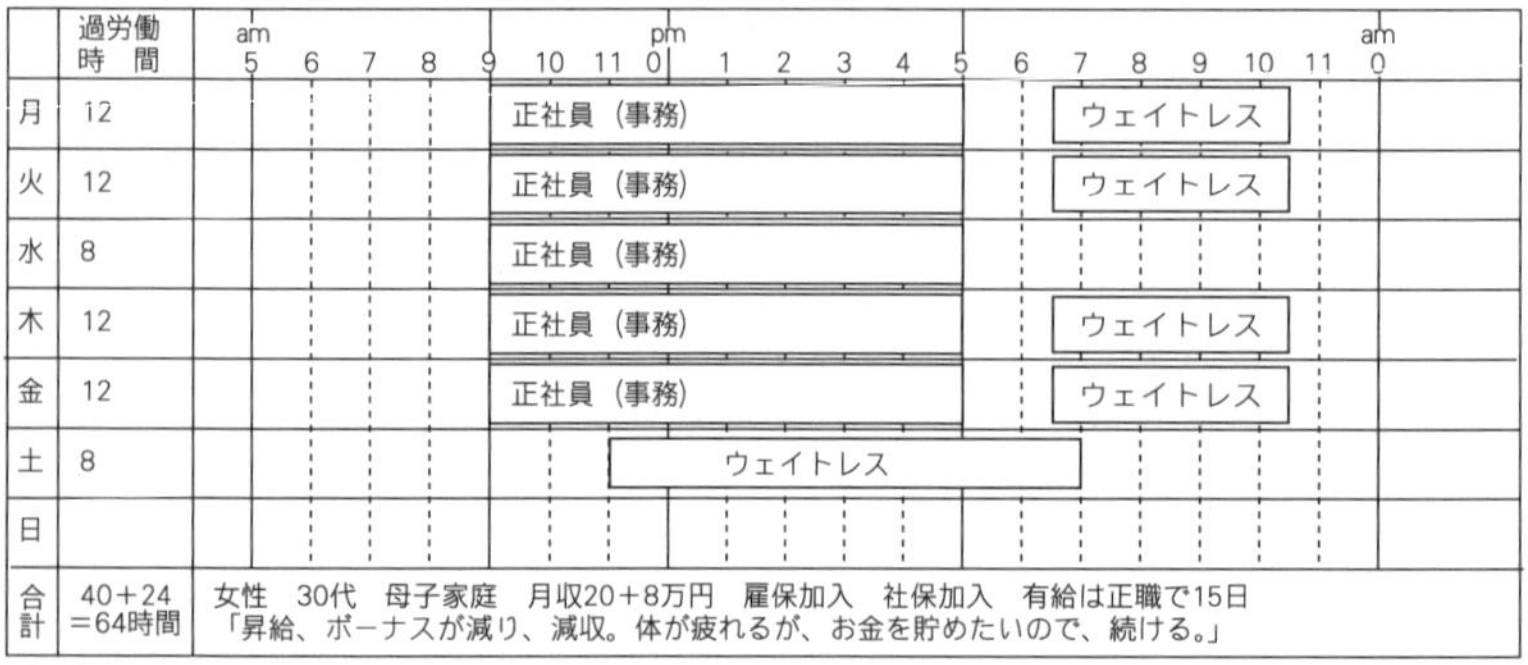

③パート+契約社員

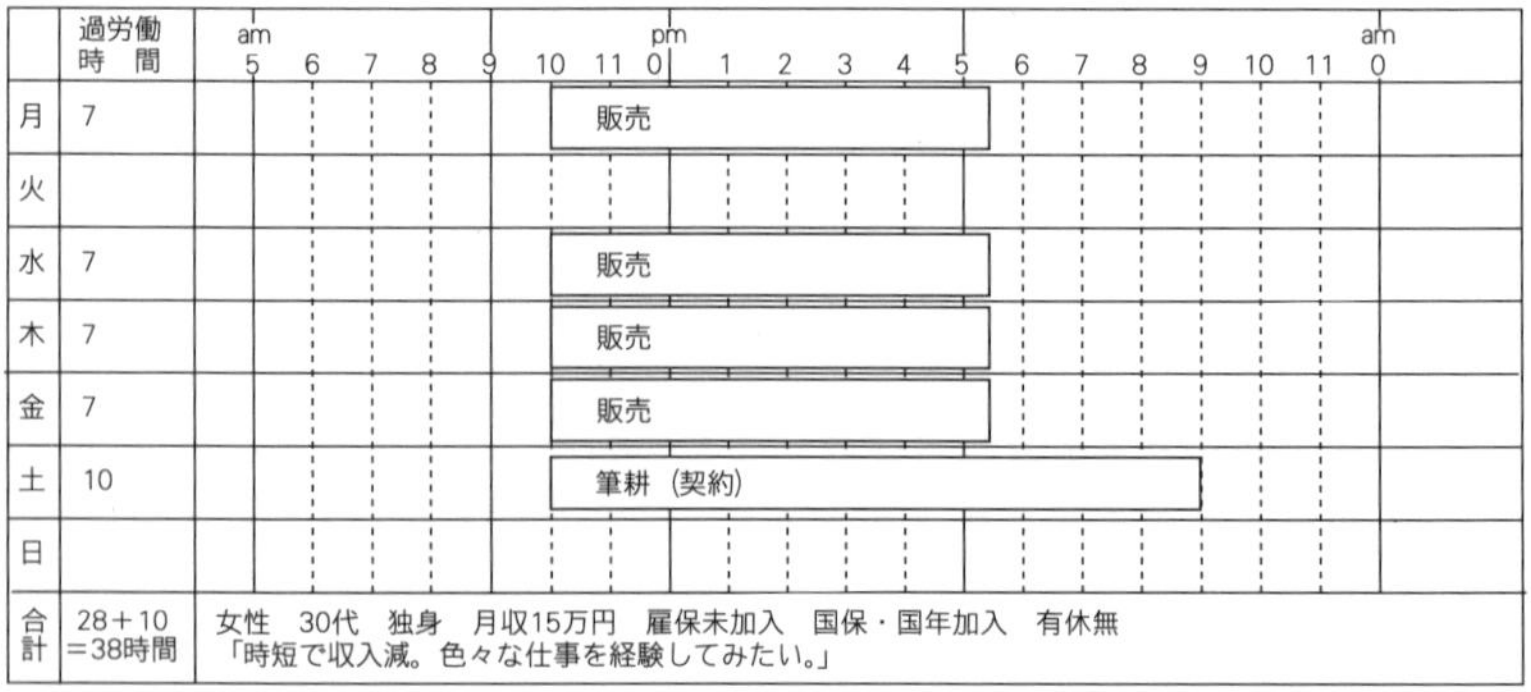

コミュニティ・ユニオン首都圏ネットワーク『複合就労する女性の生活実態アンケート』（1996年）より

七・五時間＋ウェイトレス二〇時間で合計は五七・五時間です。火曜日と木曜日には一日合計十二時間近く働いています。残業が一～二時間あり、実質週労働時間は平均六五時間。収入は、印刷のパートが時給八百八十円で月給十二万五千円、ウェイトレスは時給八百三十円です。年収は、印刷二百三十万円とウェイトレス八十万円で合計三百十五万円です。インタビュー調査で、この女性は次のように述べています。

「解雇されて再就職するにはパートしかなかった。夜もアルバイトするようになって、掛け持ちで働いている女性が多いことに驚いた。午前と夜に分けて働いている主婦や、自営業だけでは収入が足りずアルバイトで補っている人、正社員で働きながら夜も働いている人などがいる」。

「『ラスト』といって、後片付けと翌日の開店準備を〇時三十分から一時位までに終える。しかし二時を過ぎることもある」、「ラストの時間帯で働いている女性達は全員、昼も別の仕事を持っており、生活の為に寝る時間を削って働いている」。

「自分の場合、昨年一年間で三千時間以上働いていたのでびっくりした。一週間の内二十四時間続けて休めるのは、金曜日の夜から土曜日の夜六時までの変則的な一日しかない。慢性的な睡眠不足で更年期も近く、健康が一番不安」。

②〈正社員＋パート〉

三十代女性、母子家庭。事務（正社員）とウェイトレス（パート）で働いています。週四日は二つの仕事で一日で合計十二時間働いています。週労働時間は四十時間＋二十四時間で六十四時間働。月収は二十万円＋八万円の二十八万円です。「昇給、ボーナスが減り、減収。体が疲れるが、お金を貯めたいので、続ける」と述べています。

③〈パート十契約社員〉

三十代、独身女性。販売（パート）と筆耕（契約）で週三十八時間働いています。月収は十五万円。「時短で収入減」と述べています。

ここから明らかになることは、「複合労働」をしている女性たちの生活の厳しさです。月収十五万円では、年収に換算すると二百万円にも届きません。母子家庭の女性たちの収入は、年収三百十五万円と三百三十六万円＋賞与、両者とも年労働時間は三千時間を越えているものと思われます。年労働時間三千時間というのは、過労死が多発しはじめる働き方だといわれています。これらを見ると、長時間労働が決して贅沢な生活を送るためのものでないことが明らかでしょう。パートのような低い処遇、低い賃金では、長時間働かなければ暮らしていけないのです。

4 とりわけ深刻化する若年労働者の実態

失業率の増加と非正規雇用の増大の問題がとりわけ深刻に現れているのが若年層です。学校を卒業しても進学も正規の就職もしていない「学卒無業者」が増加しています。一九九〇年と二〇〇〇年を比較すると、高校卒では短大・大学進学者が増え、就職者が減っているにもかかわらず、約二倍（五・二％から一〇・〇％）、実数でも五割近くの増加となっています。短大、大学でも同様の傾向が見られ、短大、大学の卒業者に占める無業者の割合が、短大では率で約四倍（八・〇％から三二・五％）、実数で約三・五倍に、大学では率で約四倍（六・五％から二六・七％）、実数で五・五倍に増加しています。

学歴別の無業者比率（無業者／無業者＋就職者）の推移を見ると、無業者の増加が明白となります（図5）。進学者を除くと、だいたい高卒者の三人に一人、短大・大卒者の四人に一人は卒業後、定職についていない「無業者」[14]と見られています。

新規学卒者の就職割合（推計）も、八〇年代はじめには専修学校を除いても七割前後あったものが、九〇年には六四・四％、二〇〇〇年には四八・八％となっており、専修学校を加えても六一・八％へと低下しています。

図5 学歴別無業者比率の推移

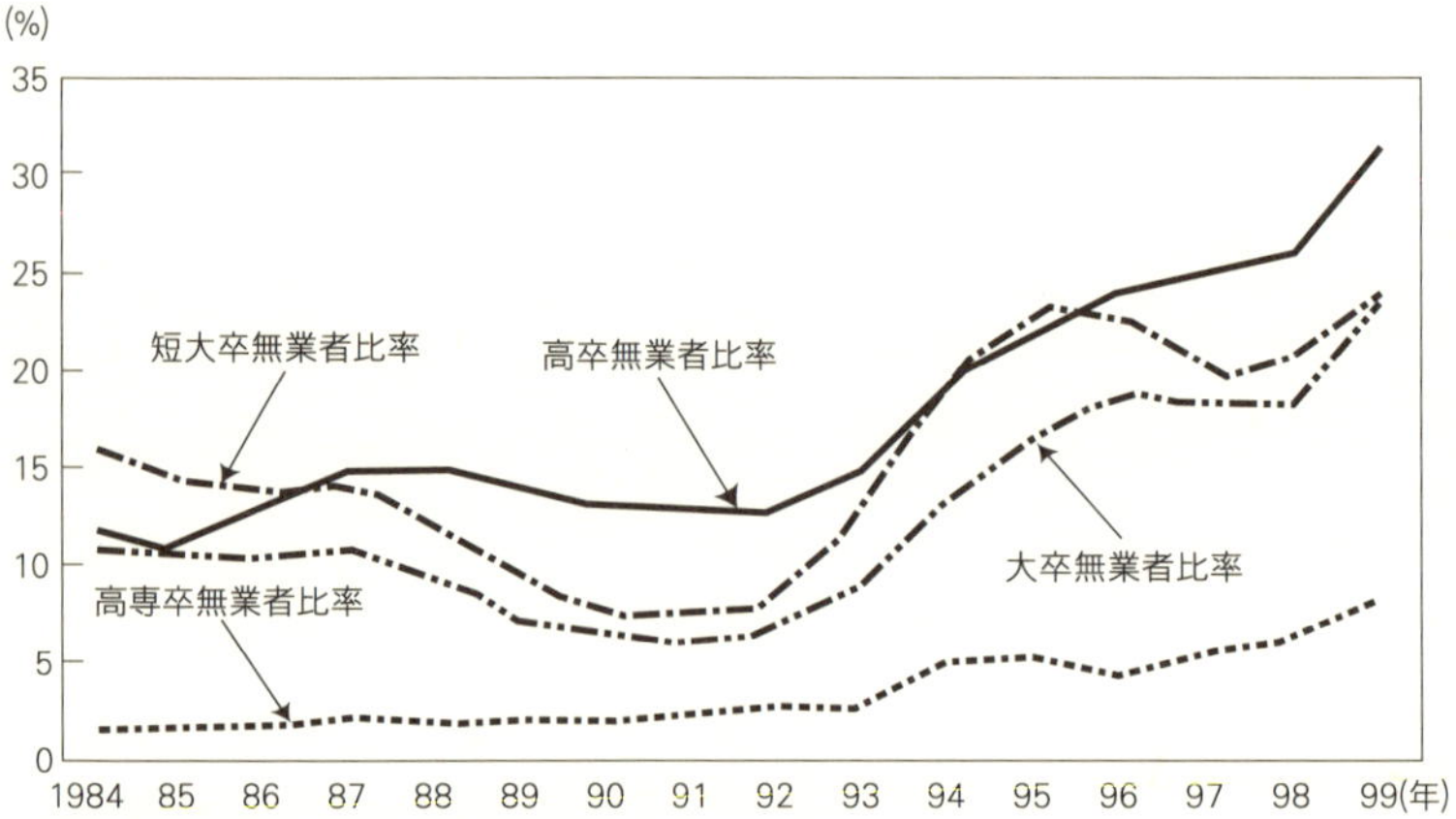

厚生労働省『平成12年版 労働白書』(2000年)より

図6 完全失業者数、および年齢別完全失業率の推移

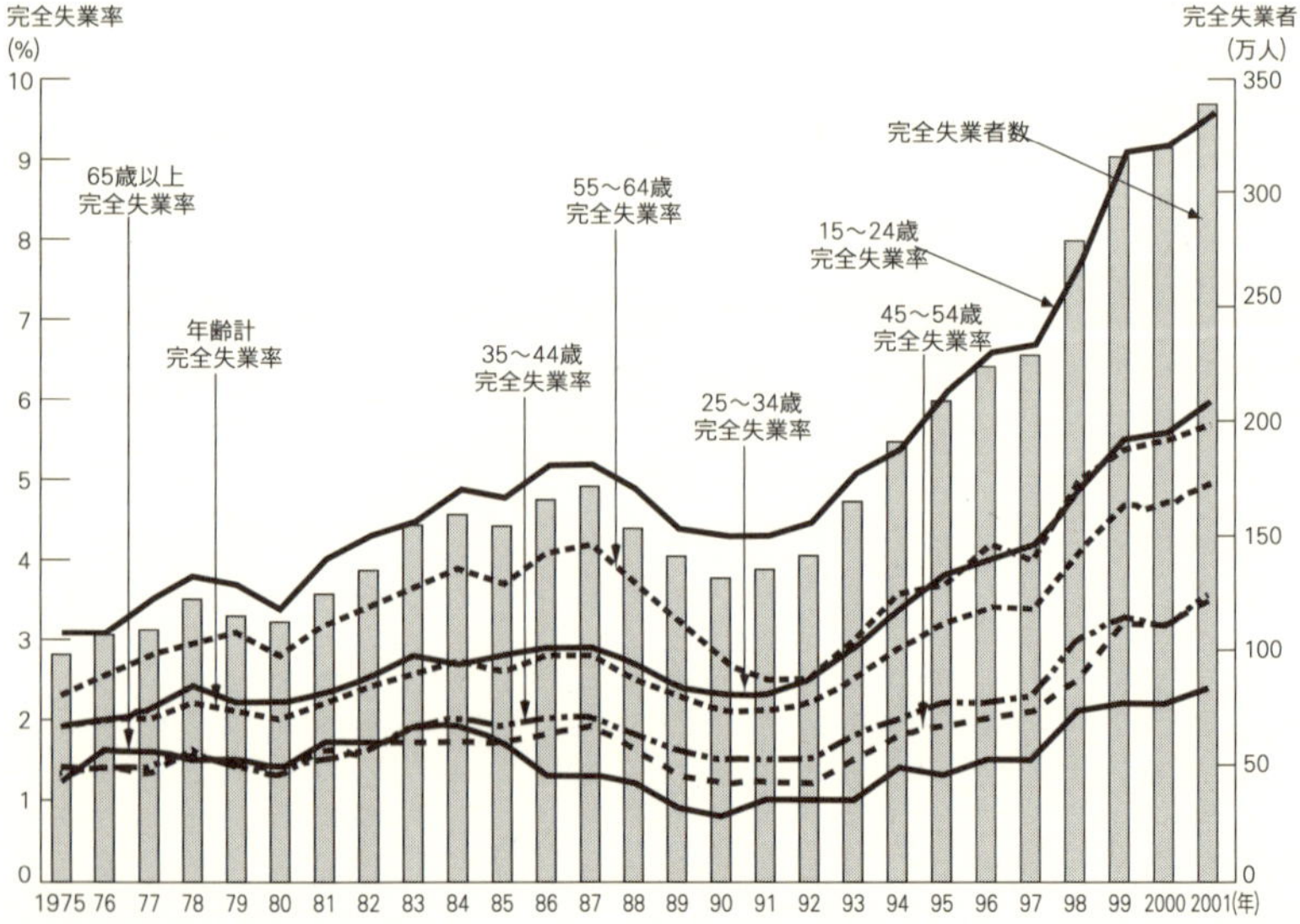

総務省統計局「労働力調査」より

若年失業率はバブル崩壊後の一九九三年以降上がり始め、「一五〜二四歳」の失業率はこの十年で、一九八九年の四・五％から一九九九年の九・一％、二〇〇一年には九・六％へ（図6）と上昇しています。一九九九年の年齢・求職理由別完全失業率においても、男性の年齢別失業率は「一五〜二四歳」と「五五〜六四歳」の二つのピークが見られ、中高年の雇用・失業問題とともに若年層の雇用・失業問題が深刻な社会問題となっています。

文部科学省やマスコミなどでは、若者における無業・フリーターの増大は、就職を先延ばしにするなどの「モラトリアム」意識によるものとしてきました。しかし、青年期を中心とした教育研究者の乾彰夫氏は、これらの変容が、若者の「職業選択意識」の変容以上に、大規模な社会構造的変化に起因していることを明らかにしています。高度経済成長以降の日本社会で標準的なパターンとされた新規学卒就職慣行（最終学校最終学年時に学校斡旋による就職手続きを経て、卒業と同時に四月一日より正規採用される）がこの十年間に急速に崩れ始め、その背後に若年労働市場の大規模な構造転換があるというのです。

乾氏の分析をもとに、若年労働市場のこの間の大きな変化の特徴を見てみましょう。第一に、新規高卒求人数が一九九二年の約六分の一となっていることに見られるように新規学卒求人数が激減しています。第二に、新規雇用者のなかでパート雇用者の増加が著しくなっていることです（図7）。この傾向は若年者により顕著に現れており、二〇〇〇年には一九歳以下で新規学卒者の約三七％、既就職（転職）の約五五％がパート・アルバイト、二〇〜二四歳でも新規学卒者の約

図7 新規雇用者数

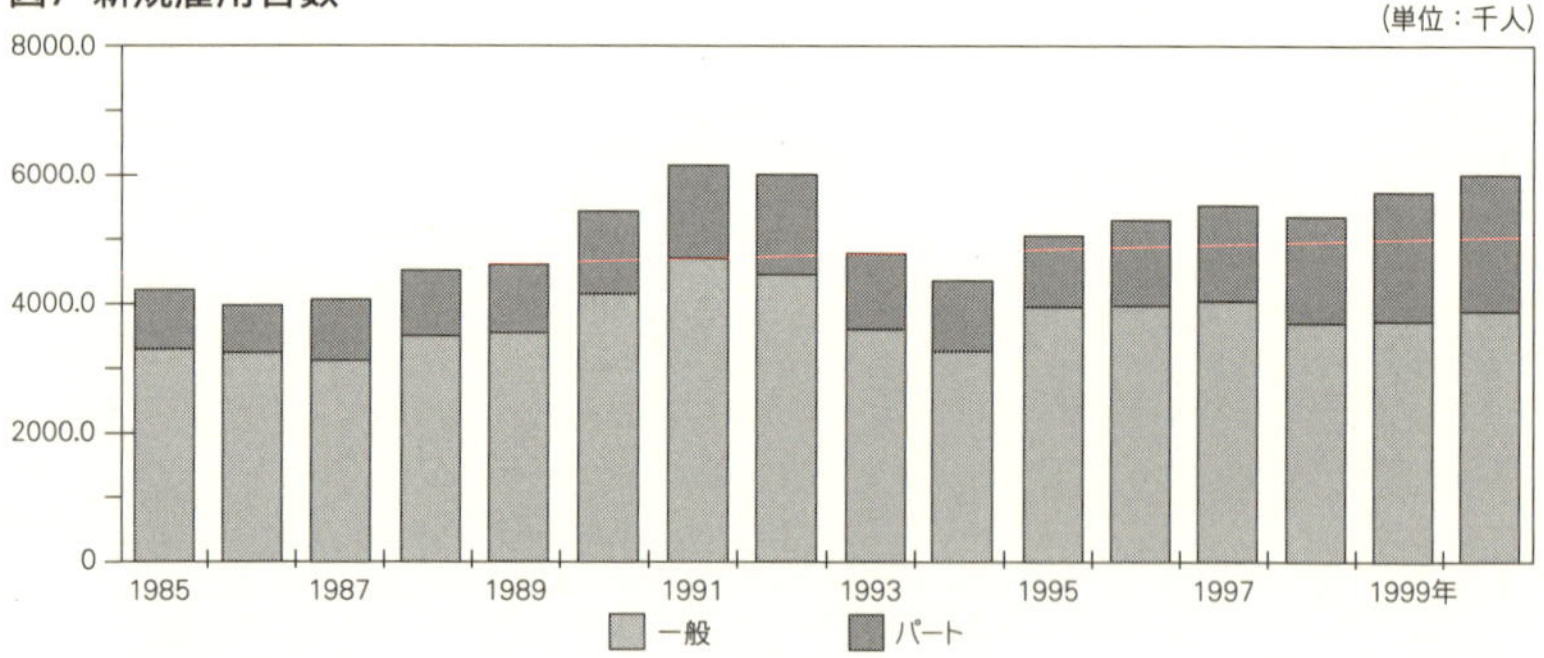

図8 入職者に占めるパート・アルバイトの割合（24歳以下）

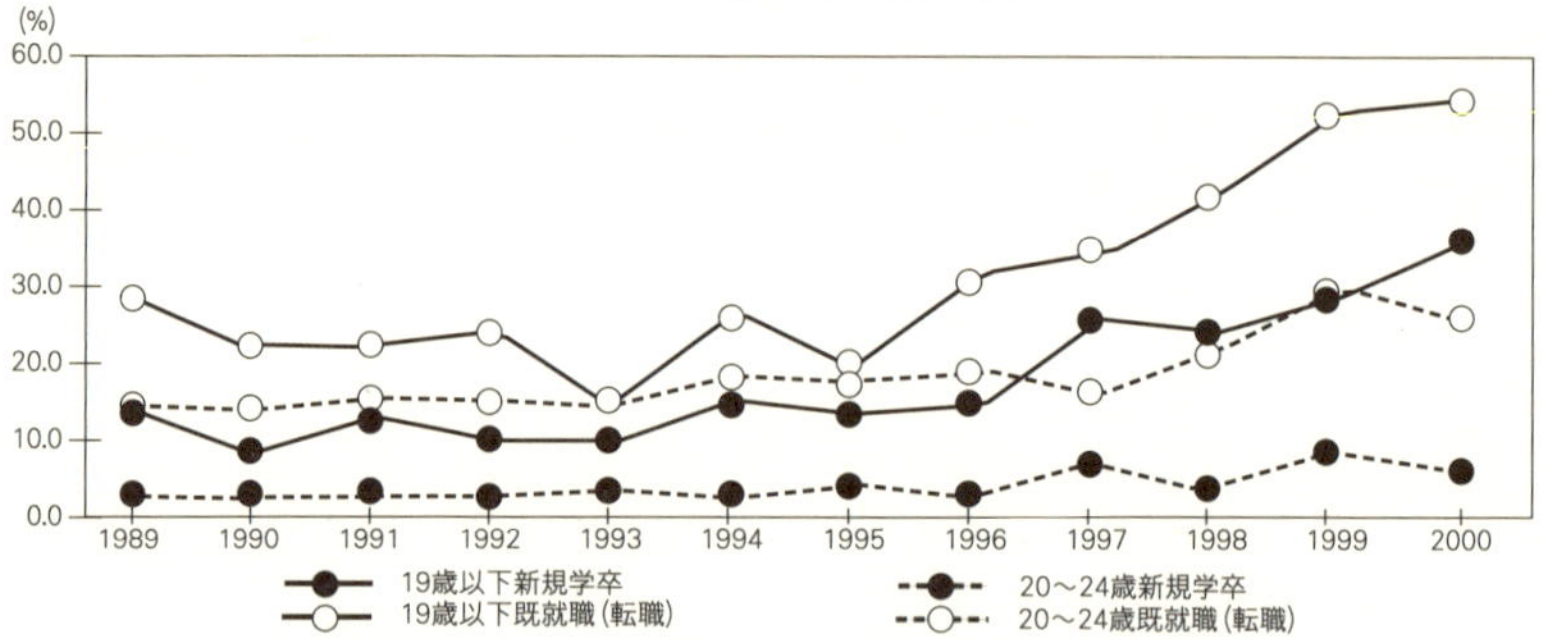

図9 入職者に占める新規学卒者の割合（1000人以上規模企業・正規雇用）

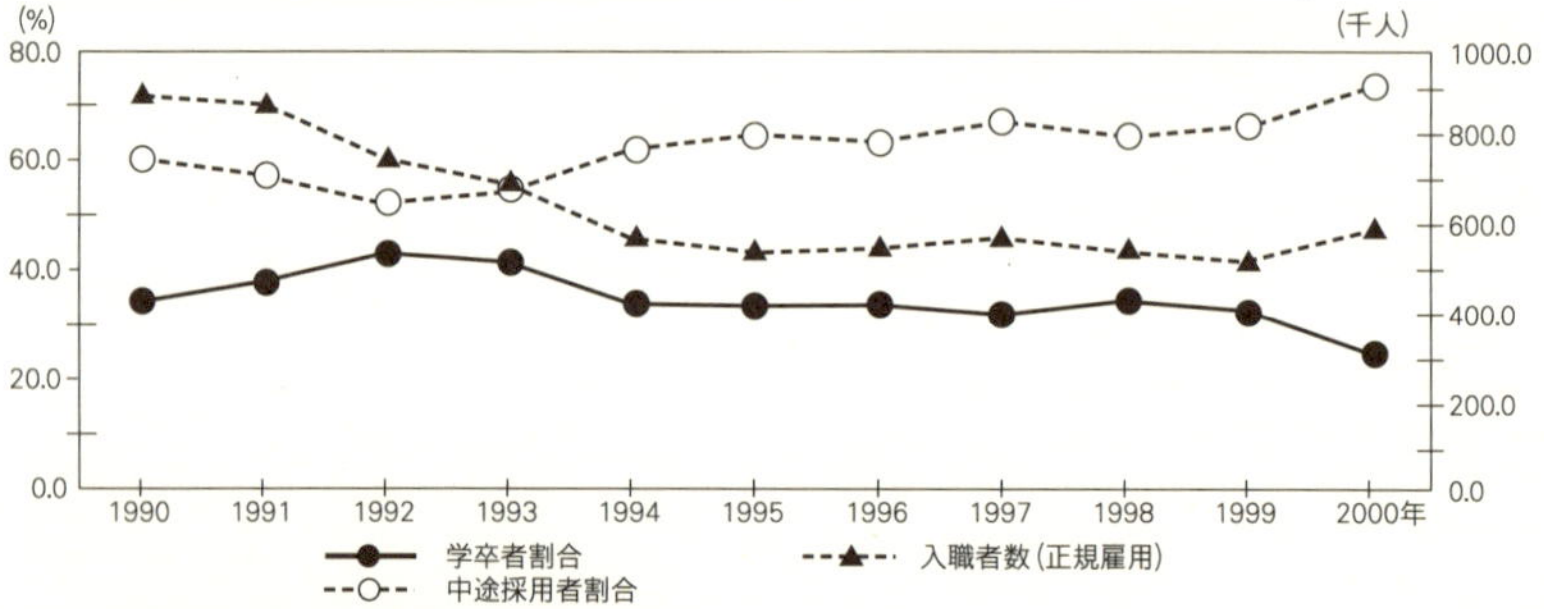

以上、厚生労働省「雇用動向調査」より作成、
乾彰夫「若者たちの労働市場のいま」
竹内常一＋高生研編『揺らぐ〈学校から仕事へ〉』（青木書店、2002年）より

七％、既就職（転職）の約二六％がパート・アルバイト雇用となっています（図8）。第三に、数少ない新規採用のなかでも「即戦力」労働力としての中途採用者の割合が高くなっていることです（図9）。「基幹的労働力のほとんどを正規・長期雇用者でまかなうことで企業への忠誠心を養い競争力を高めるという雇用戦略に替わって、正規・長期雇用者の絞り込みと有期雇用・非正規雇用の割合を高めることで総労働費負担を減らす方向へと大きく転換した[15]」と乾氏は指摘しています。木下氏の言葉を借りれば「定期一括採用と一元的能力主義教育による企業と学校の接合」が崩れて、若者の「学校から仕事」への移行過程の変容・転換が進んでいるのです。

木下氏は、「流動的な労働市場の拡大とともに、最も低い単身者賃金のレベルで社会的な賃金相場が形成されようとしている。このような事態は、若年層の賃金をいつまでも自立できない水準に置くとともに、失業者の増大による労働者間競争の激化のもとで、年齢を問わず、働く者の多くをその水準に落とすことになりかねない[16]」と警告を発し、こうした事態のなかで、「年収二〇〇万円台時代になりつつあるように感じられる」と述べています。若者労働の流動化と低賃金化は、若者の自立を困難にするばかりでなく、労働者全体の賃金水準の低下をもたらすというのです。木下氏の指摘を大げさなものと退けることができないことは、先に見た一九九七年と二〇〇二年の雇用者の年間所得の増減率において、男性では三百万円未満の者が大幅に増加し、反対に三百万円以上の者が大幅に減少していることを見れば、明らかではないでしょうか。

中西新太郎氏は、若者の失業率や非正規雇用の割合の高さに加え、転職率も高くなっていると指摘しています。九六年に高卒で就職した者で三年後に転職した者が六〇%を越え、大卒でも三人に一人は転職しているというのです。中西氏によれば、こうした転職率の増加の背景には、コンビニやレンタル店の定員など、サービス産業での不熟練労働職種に若者が集中的に就いていることがあげられ、今後、雇用の流動化傾向がこの層から少しずつ上の年齢層にも広がっていく可能性があるというのです。

中西氏はさらに、現在は親の世代が現役の勤労者として働き、子どもたちの生活資源の不足をカバーする形で家庭内に吸収され目につきませんが、独身で頼れる家族がなく、仲間のネットワークもない若者が立ちゆかなくなったり、児童虐待の背景に「窮迫する家族」の場合が見られるように家族自体が立ちゆかなくなる事態が起きつつあることを指摘しています[17]。今日、児童虐待や残忍な事件報道が相次いでいますが、加害者、被害者に高校中退、無職、サービス産業で働く若者が目につきます。こうした若年雇用、若者の働き方の変容は、若者の成長、人生展望に深くかかわるだけでなく、家族・子育てにも深刻な影響を及ぼしつつあると言えましょう。

5 長時間労働の増加

三〇代男性の長時間労働の増加が顕著

一九八〇年代から九〇年代はじめにかけて、日本人の長時間労働が大きな社会問題となりましたが、その後、バブル崩壊、週休二日制の導入が進み、最近では長時間労働が問題とされることはあまりありませんでした。しかし、現在では再び長時間労働が増加に転じています。図10は、年間二百日以上働いている人の週労働時間別の割合を示したものですが、週「六〇時間以上」の男性は、一九九七年の一一・八％から二〇〇二年の一七・一％、「四九～五九時間」では一八・九％から二三・二％と、それぞれ五・三ポイント、四・三ポイントも上昇しています。その結果、週「四九時間以上」の者は、四〇・三％、四割にも達しています。女性の場合では、「短時間（三五時間未満）」就業と「長時間（四九時間以上）」就業に二極化する傾向が見られ、男性ほどではありませんが、「六〇時間以上」が三・〇％から四・六％、「四九～五九時間」が八・五％から一一・二％へと上昇し、週「四九時間以上」の者は一五・八％です。

これを雇用形態別に見ると、「正規の職員・従業員」で「六〇時間以上」が九・二％から一四・一％、「四九～五九時間」が一六・八％から二一・六％へと上昇し、「四九時間以上」の者が全体の三五・七％、四割近くを占めています（図11）。また「パート」「アルバイト」では、「短時間（三五時間未満）」就業と「長時間（四九時間以上）」就業がともに上昇し、二極化する傾向が見られます。「アルバイト」でも「四九時間以上」働く者が一五・七％もおり、アルバイト＝短時間労働とは言えない実態が明らかにされています。

玄田有史氏は、長時間労働の実情をていねいに分析しています。氏の分析によれば、週三十五時間以上働いた人々のうち、週六十時間以上働いた人の割合を求めて、その推移を調べたところ、

図10 男女、週間就業時間別雇用者数の構成比 (年間就業日数200日以上)

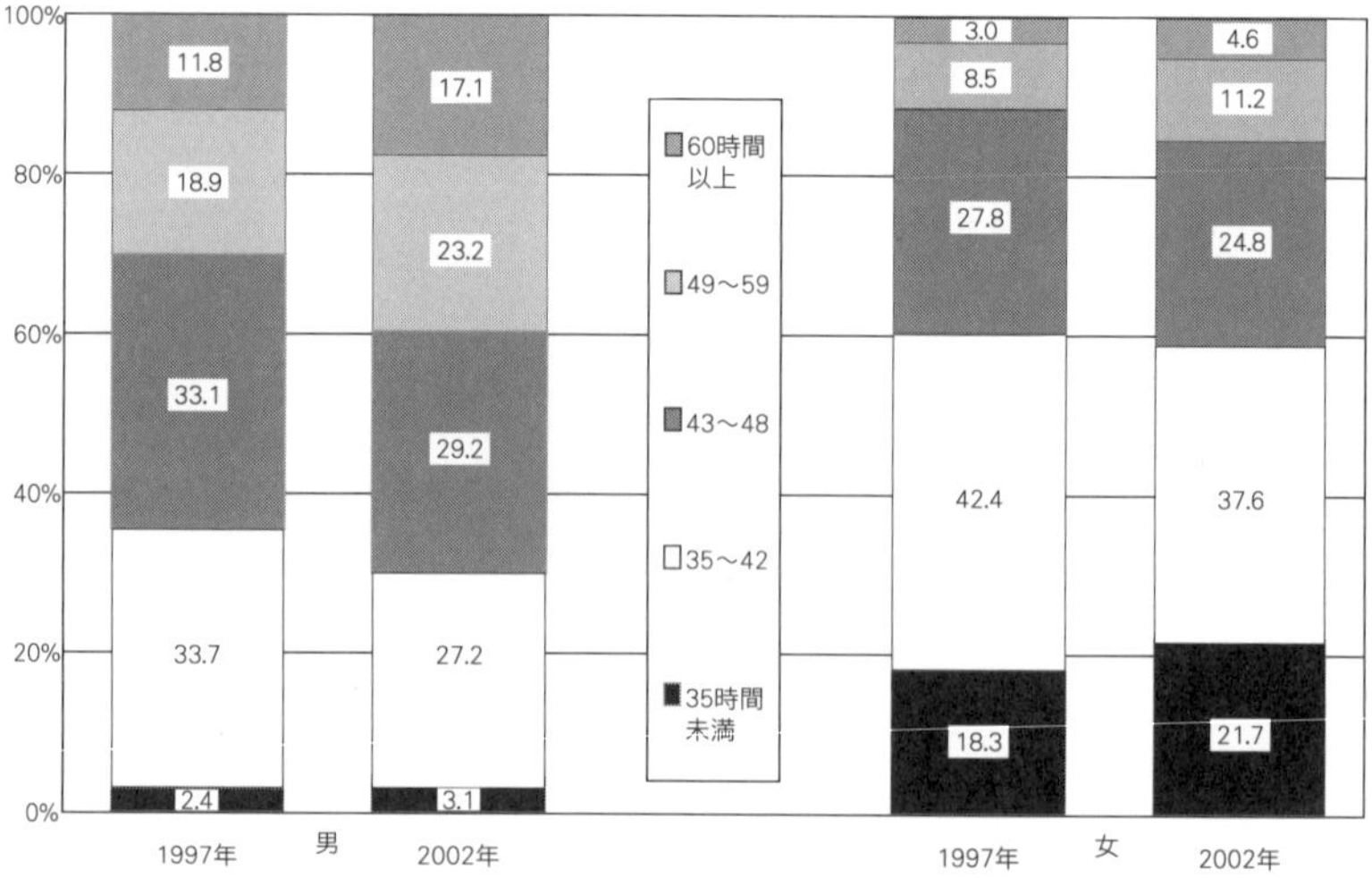

総務省統計局「平成14年度 就業構造基本調査 結果の概要」より

図11 主な雇用形態、週間就業時間別雇用者の割合 (年間就業日数200日以上)

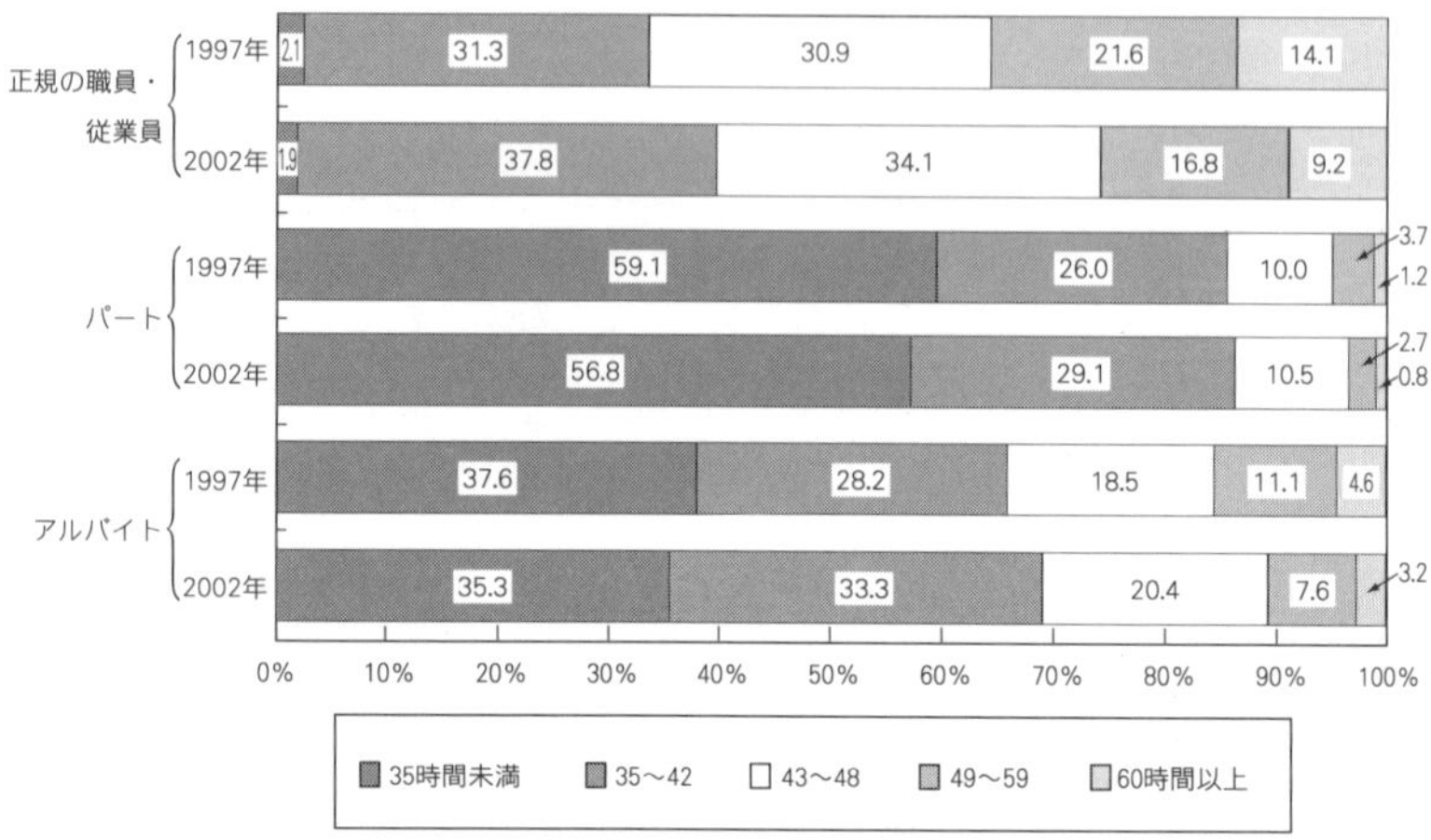

総務省統計局「平成14年度 就業構造基本調査 結果の概要」より

一九八〇年代には大企業でも中小企業でも上昇した「週六〇時間以上」の割合が、バブル崩壊の過程で一九八九年から一九九三年にかけて急速に減少します。しかも、八〇年代から九〇年代初頭を通じて、比較的規模の大きい企業では長時間労働の割合が中小企業に比べて著しく低かったのです。

図12 週35時間以上従業者に占める60時間以上従業者の割合
(官公庁を除く、企業規模別)

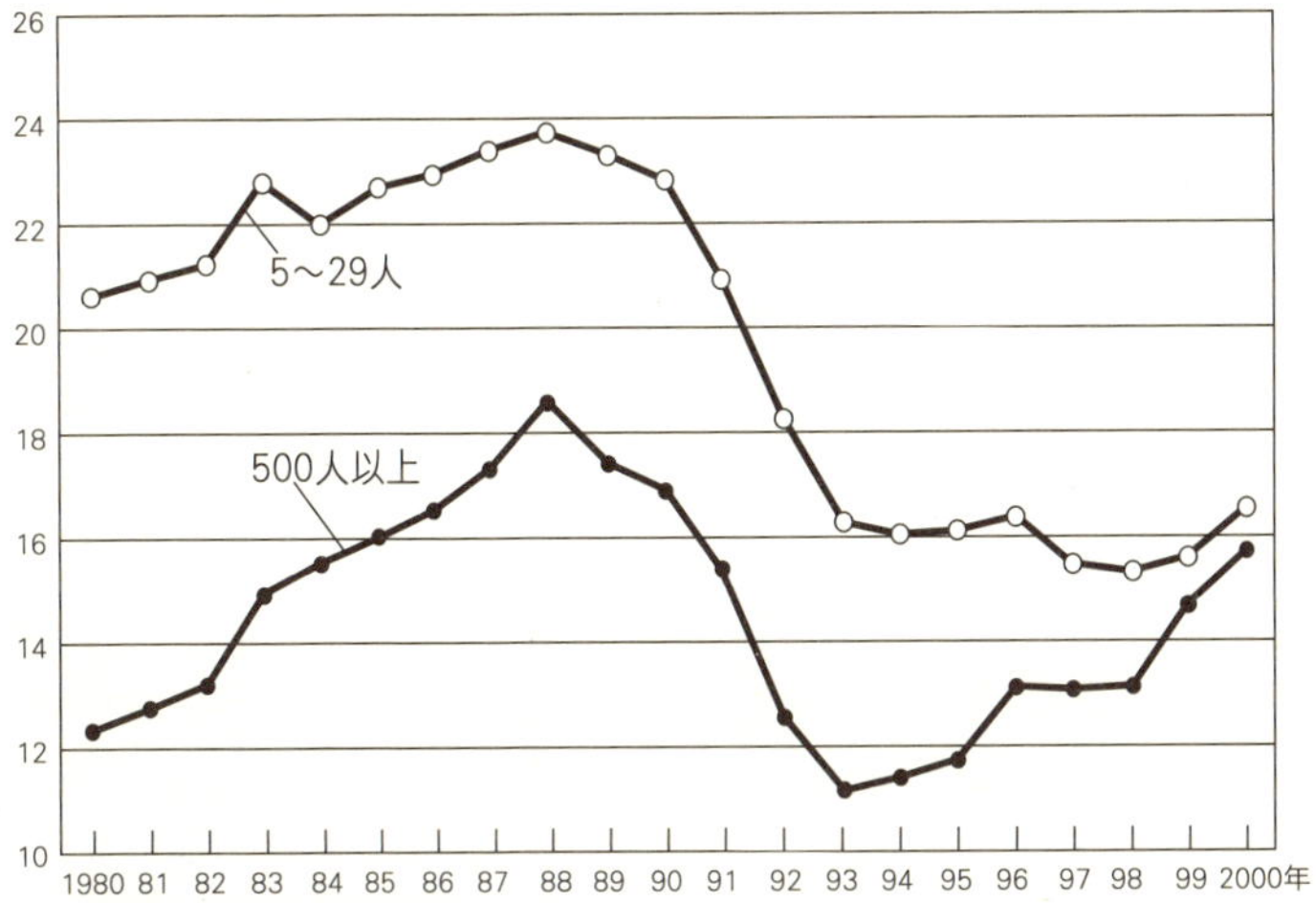

総務省統計局「労働力調査年報」より作成
玄田有史『仕事のなかの曖昧な不安』(中央公論社、2001年) より

ところが、一九九三年以降、「六〇時間以上」の者の割合は上昇に転じ、しかも大企業で「六〇時間以上」の割合が急速に上昇して、大企業と中小企業でほとんど差がなくなってしまったというのです（図12）。

また、玄田氏は、年間「二〇〇〇日以上」働いている人のうち週「六〇時間以上」働いている長時間労働の人々の割合を求めて、一九九二年と一九九七年を比較しています。そのなかで中高年では長時間働く者の割合の減少が見られるのに対して、三十代男性や二十代女性では減少が顕著に見られないことを明ら

図13　年間250日以上就業している有業者のうち、ふだん1週間就業時間が60時間以上の割合

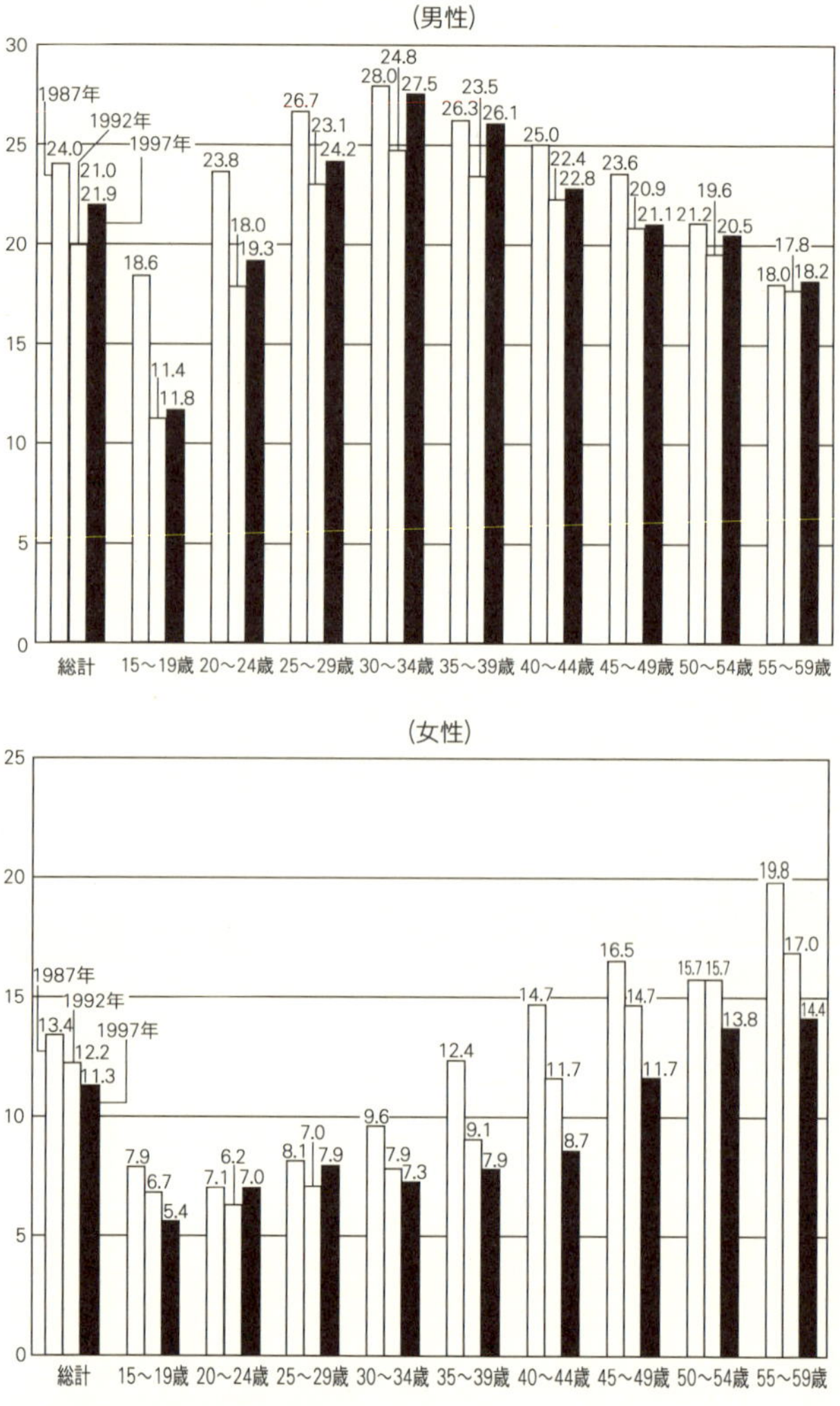

総務省統計局「就業構造基本調査」より作成、
玄田有史『仕事のなかの曖昧な不安』(中央公論社、2001年)より

かにしています。さらに、年間「二五〇日以上」働いている人、つまり週休一日、一日半又は部分的な週休二日制の企業で働く人々を主な対象とした比較を行なっています。すると、四十代男性では一九九二年と一九九七年ではわずかに上昇が見られる程度なのですが、三十代男性では、

その割合が増えて、一九八七年の水準に戻りつつあるのです（図13）。

玄田氏は、九〇年代後半以後、「大企業では、課長以下、若手社員が残業に残業を重ねるという状況が多くの職場で常態化しつつあるのだろう」と指摘し、「不況によって業務ノルマが高まった、採用抑制でかえって仕事量が増加していること[18]」などの影響を指摘しています。

6 女性労働における雇用の流動化と低賃金化

ジェンダーに強く規定された雇用形態

失業率の増加、リストラ、実質賃金の低下という事態の進行、年金や社会保障の相次ぐ改悪、大幅な削減のもとで、女性の労働、共働きは否応なく促進されていくことになります。しかし、失業の増加、雇用の流動化による非正規雇用の増大、低賃金化は、若年労働者とともに女性労働者に一層厳しく現れています。

一九九〇年代後半、正規労働者の大幅削減と非正規雇用労働者の導入によって、雇用流動化が急激に進み、一九九二年に七九・四％であった正規の職員・従業員（男女計）の比率は、二〇〇二年には六三・一%に下がっています。この傾向は女性労働者に顕著であり、一九九〇年の正規労働者比率は六一・七%から二〇〇二年には四五・〇%へと、この十二年間に一六・七ポトント、二割近くも下がっています。正規雇用者の割合は、低下したとはいえ男性では七五・八%ですが、女性労働者ではこの五年間に半数を切ってしまいました。

女性労働論、社会政策の研究者、森ます美氏は、統計資料をもとに女性労働の現状を図に表しています。統計が一九九七年と少し古いものですが、女性労働者の置かれた状況がわかりやすく図示されていますので、見てみましょう（図14）。この時点で、男性労働者で「正規雇用者」として働いている者は八八・八%を占めているのに対して、女性の「正規雇用」比率は五六・〇%です。そして、「非正規雇用」の比率は、男性ではおよそ一割しかいませんが、女性では、四四%がパート、アルバイト、嘱託、派遣労働者などの「非正規雇用」となっています。

森氏は二〇〇〇年時点での労働者のジェンダー比率（男女の構成比率）を見ると、正規労働者では男性が七〇・五%を占めているのに対して、非正規労働者では女性比率が七三・三%にものぼっていると指摘しています。つまり正規労働者では男性七、女性三であるのに対して、非正規労働者では反対に女性七、男性三の割合になっているのです。

また、女性の大企業在籍者は一九九五年には一一・八%でしたが、二〇〇〇年には九・一%まで下がり、女性労働者は「企業内労働市場の上層からも排出」されており、「大企業正規労働市場の八割弱は男性が占め、ジェンダーを分断線とする労働市場の階層構造が形成されつつある」

図14　雇用と賃金のジェンダー・ヒエラルキー

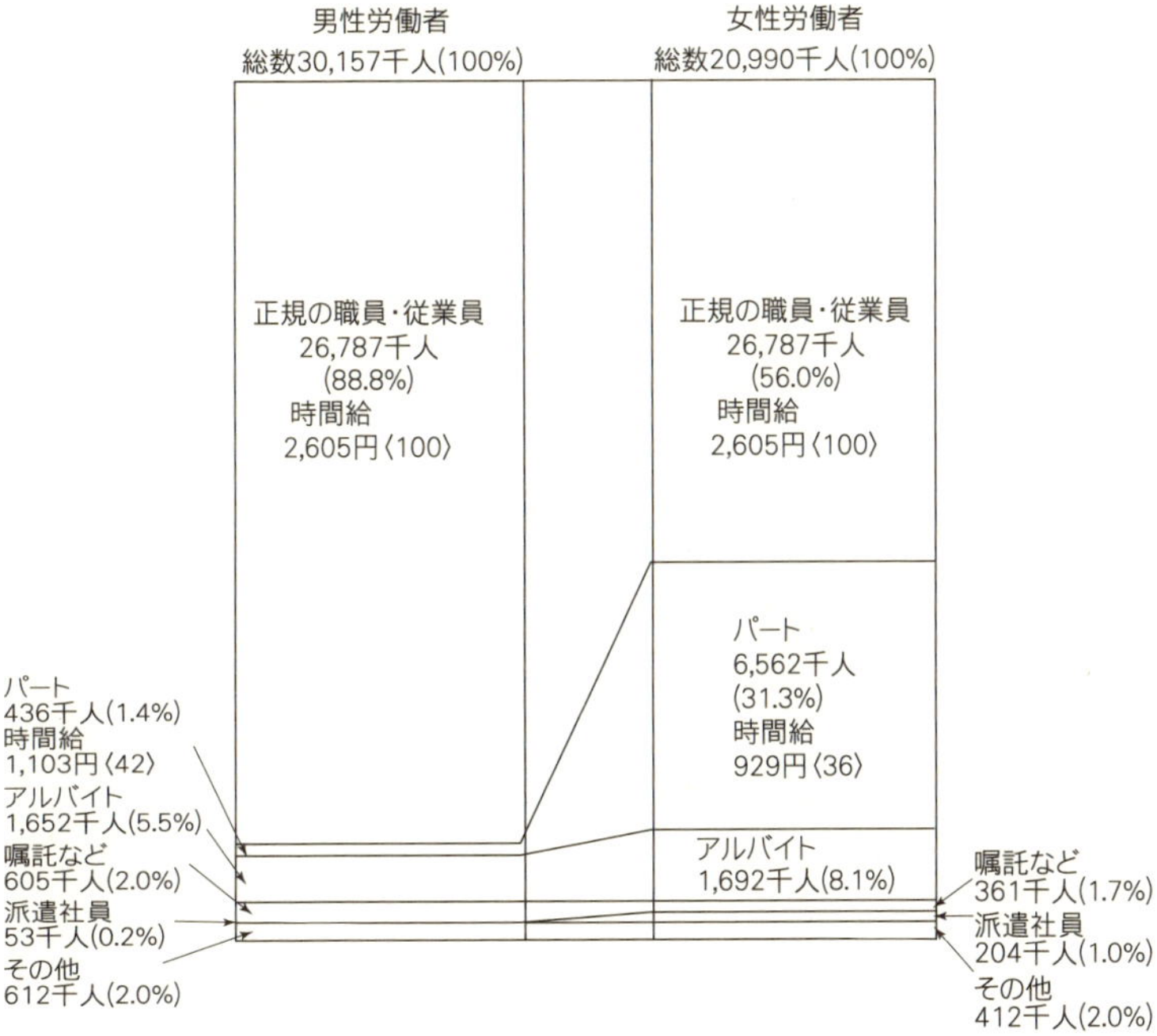

1．雇用形態別有業者数は総務庁統計局「1997年就業構造基本調査」結果による。
2．「正規の職員・従業員」欄の時間給は、労働省「1997年賃金構造基本統計調査」の企業規模10人以上の産業・企業規模・学歴計の男性労働者と女性労働者の賃金データを用いて次のように算出した。時間給＝年間給与総額÷年間総実労働時間＝（「きまって支給する現金給与額」×12月＋「年間賞与その他特別給与額」）÷｛（「所定内実労働時間数」＋「超過実労働時間数」）×12月｝
3．「パート」欄の時間給は、同じく労働省調査の企業規模10人以上の産業・企業規模計の男性および女性パートタイム労働者の賃金データを用いて次のように算出した。時間給＝年間給与総額÷年間実労働時間＝（「1時間当たり所定内給与額」×「一日当たり所定内実労働時間数」×「実労働日数」×12月＋「年間賞与その他特別給与額)」÷（「1日当たり所定内実労働時間数」×「実労働日数」×12月）
4．「アルバイト」、「派遣社員」などパートタイム労働者以外の非正規労働者の賃金についての政府の調査は行われておらず、官庁統計はない。

森ます美「破壊される女性正規労働者の雇用と賃金」
中野麻美他編『労働ビッグバンと女の仕事・賃金』(青木書店、1998年)より

ことを明らかにしています。

森氏はこうした事実をもとに、「雇用の多様化・流動化がジェンダーに強く規定された現象[19]」であり、「正規は男性、非正規は女性と言う性別職務分離ならぬ性別雇用形態分離が九〇年代にほぼ定着・固定化」され、「女性は非正規で働くのが普通といった状態がつくられてきている[20]」と指摘しています。

次に収入面ではどうでしょうか。年収三百万円未満比を見ると男性二五・一％に対し女性七四・四％と大半を占めています（表2）。一九九九年の「賃金構造基本調査」によれば、女性パートの年間収入は、産業全体の平均でおよそ百二十万円です。非正規雇用者の主流をなすパートタイム労働者と一般労働者の賃金格差は拡大し、二〇〇〇年には女性一般労働者の賃金を一〇〇とした場合のパートタイム女性労働者は六六・九となっています（図15）。「正社員と非正社員との間には処遇と保障の歴然たる差」があり「『女だから低い処遇』が『非正社員のパートだから低い処遇』に置換されることで、実質上の性差別が生き残る[21]」と指摘される実態が生まれているのです。

三山雅子氏は、日本のパートと欧米のパートを比較し、次のような興味深い指摘をしています。スウェーデンを除くヨーロッパ、米国のパートの主流も、格付けの低い仕事に集中しており、賃金も安いのですが、パートの雇用条件に関してフルタイムとの非差別原則を内容とするパートタイム労働協約を有するEU諸国では、女性パートとフルタイムの賃金格差はベルギー・仏・独、

表2　女性労働者分布

（1,000人，％）

		計	専門的・技術的職業従事者	管理的職業従事者	事務従事者	販売従事者	サービス職業従事者	技能工、採掘・製造・建設作業者及び労務作業者
計（男）	雇用者数	33,130	4,115	2,021	5,290	4,908	1,350	11,898
	うち正社員	26,787	3,561	666	4,711	4,171	859	9,802
	正社員比率	80.9	86.5	33.0	89.1	85.0	63.6	82.4
	パート	436	17	0	35	24	40	257
	アルバイト	1,652	86	0	134	134	323	707
	年収300万円未満比	25.1	14.2	6.7	16.1	17.8	56.7	34.3
計（女）	雇用者数	21,867	3,352	226	7,575	2,525	2,689	4,986
	うち正社員	11,755	2,587	22	4,743	1,262	1,030	1,896
	正社員比率	53.8	77.2	9.7	62.6	50.0	38.3	38.0
	パート	6,562	379	0	1,555	803	1,055	2,594
	アルバイト	1,692	129	−	476	286	441	286
	年収300万円未満比	74.4	46.4	32.8	69.7	79.8	87.5	92.7

出所：総務庁『平成9年版 就業構造基本調査』1999年－未公刊「プリントアウト部分」もふくむ－より作成

注：主要職業のみ　70歳以上は省略

熊沢誠『女性労働と企業社会』（岩波新書、2000年）より――あみかけ、筆者

図15　女性パートタイム労働者と一般労働者の賃金格差の推移

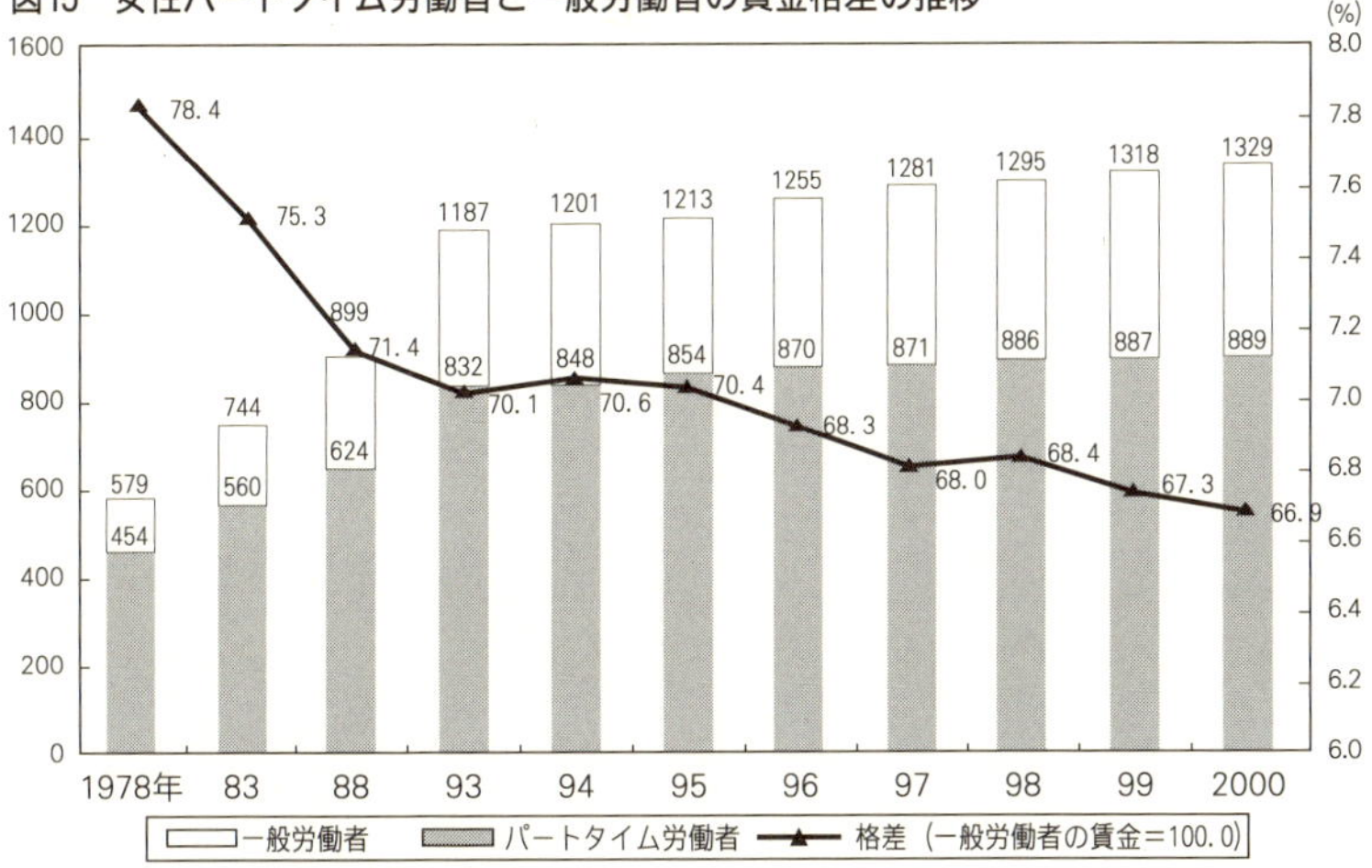

出所：厚生労働省「賃金構造基本統計調査」

注：一般労働者の1時間当たりの所定内給与額は次式により算出した。

1時間当たりの所定内給与額＝所定内給与額÷所定内実労働時間数

厚生労働省雇用均等・児童家庭局編『平成13年版　女性労働白書』（21世紀職業財団、2002年）より

スウェーデンなど十一ヵ国の平均で八八・九であり、日本と比べてはるかに小さいのです。さらに、日本では正社員と同じ仕事をしている疑似パートの賃金が正社員より安いことに典型的に示されるように、「パート職が低格付けの仕事に集中しているがゆえに賃金が低いEU諸国に対し、日本の特徴は、仕事の格付けや仕事内容にかかわらずパートの賃金がフルタイマーである正社員より安いことにある。つまりパートとは日本では身分[22]」だと言うのです。

こうした女性の雇用流動化のなかで「自立に足る賃金を得ることのできない」低賃金労働者が増大していると森氏は指摘しています。森氏によれば、総務省統計局の「単身世帯収支調査」によれば、一九九九年のシングル女性の年間生活費はおよそ二百十一万円、月額でおよそ十七万六千円です。他方、同年の国税局「民間給与実態統計調査」により女性給与所得者の分布を調べると、「一年を通じて勤務した女性」（千六百六十万人）のなかで、この年間生活費の平均二百十一万に満たない年収二百万円以下の層は六百二十九万人、およそ四割弱に当たります。「一年未満勤続者」では、この比率は八八％にまで高まり、三百六十五万人が二百万円以下の年収です。これらを合計すると低賃金女性労働者は九百九十四万人となり、女性給与所得者の四八％が働いても自立できない層となると言うのです。

ここには女性非正規労働者の中核をなすパートタイマーが含まれています。森氏は、正規労働者とパートタイマーの年収を実労働時間で換算した時間給で比較しています。すると、男性正規二千五百八十九円、女性正規千六百七十三円に対して女性パートタイマー九百三十七円で、男性正規の三六％という低さです。さらに、地域別最低賃金の平均六百五十四円以下で働く女性パートタイマーが全国で二十五万人にのぼっていることを明らかにしています。

これらの点をふまえて、雇用の流動化は男女の賃金格差を拡大させながら、「低賃金女性労働者を大量に創出」しており、「個人レベルで見れば、働いても経済的に自立できない女性を増加させている[23]」と森氏は指摘しています。

パートなど非正規雇用者の低賃金は、労働者に長時間労働、時には過労死に至るような超長時間労働を強いることになります。一人で生活している者、一家の家計を支えている者が非正規雇用の労働者であれば、最低限の生活を維持する収入を稼がなければならないからです。ある試算では、パートの平均時給を八百八十六円（一九九八年）とすると年収三百万円を稼ぐには年三千三百八十六時間働かなければなりません。[24]別の試算によれば、年収二百万円稼ぐのに、最低賃金（五百九十五円〜六百九十八円）であれば年間二千八百〜三千時間働かなければなりません。先ほども書いたように、三千時間というのは、過労死が多発し始めるような働き方だということです。[25]

家計収入が減少したり、夫がリストラにあったり、共働きの必要性が高まっているにもかかわらず、女性の失業率は過去最高になっています。新聞報道で二〇〇三年一月の失業率で女性の完全失業率が五・五％で〇・三ポイント悪化し、過去最高、失業者数は十万人（七・五％）増えたと報じられたことは、森氏の指摘を裏付けるものでしょう。解説は「今春闘は定昇の縮小・廃止の動きが鮮明化。これまで不況期でも下がらないとされてきた名目賃金が減る『賃金デフレ』が起きている。労働力調査でみると『新たな収入が必要』という理由で求職活動に復帰した女性が増えており、厳しい家計の状況がうかがえる。……サービス業も相対的には賃金が低い分野が多く、生活を支えるに十分な雇用条件を求める失業者との間でミスマッチが起きている可能性が高い[26]」と指摘しています。

さまざまな分野で活躍する女性がマスコミに登場することも多くなり、「女性の社会進出が進んだ」ということをよく耳にします。しかし、こうした女性は女性労働者全体のごく一部の姿に過ぎないのです。むしろ、「男女共同参画社会」のかけ声とは逆行するように、九〇年代を通じて女性労働の非正規雇用の拡大と低賃金女性労働者の増大という事態が進行し、「男性は正規、女性は非正規」という性別雇用形態による差別が拡大していることをきちんとおさえる必要があるでしょう。

今日の女性労働をとらえる視点

今日の女性労働をめぐる状況は非常に複雑です。木本喜美子氏は「現代日本の女性労働をめぐる状況はきわめて複雑であり、ポジティブな要因とネガティブな要因が錯綜している」と述べ、次の点を指摘しています。

①女性と労働とのつながりはますます深まりをみせてきており、少子・高齢化の進行のもとで「労働力」としての女性への期待は高まりつつある。

②男女共同参画基本法にみるようにジェンダー公正（fairness）へと向かう問題意識は、遅まきながら国家レベルでも認知されつつある。二〇〇一年十一月成立した改正育児・介護休業法は、育児休業の申し出や取得にともなう配置転換や昇格格差を禁止し、努力義務にとどまっているとはいえ、子どもの病気に際しての看護休暇の導入も盛り込まれており、子育てと仕事の両立への一歩前進である。

③日本企業における女性処遇を見ると、女性活用に熱心に取り組む企業が出現しつつある一方で、国際的不況のなかで、ますます大胆なリストラが断行され、そのしわよせは女性の就職戦線の「氷河期」の持続、正規社員の非正規社員への置き換え、派遣社員の賃金切り下げなどの深刻な事態を引き起こしている。

④こうした中にあって、たとえば育児支援策の拡充によって、企業が正規社員をコスト高として退け、非正規社員化がよりいっそうはかられていくというように、ポジティブ要因がネガティブ要因に転化するような事態も存在する。

木本氏は、これらの点を指摘したうえで「錯綜した現実を凝視しながら、希望へとつながる要因を探し求めていくことが、この時代を生きる女性労働研究者に課せられている」[27]と結んでいます。

木本氏の指摘は、今日の女性労働の現状やそれと密接にかかわる保育の現状を把握するうえで示唆に富むものです。これまで見てきたように今日の労働、とくに女性労働の現状が非常に厳しいものとなっていることはたしかです。しかし、木本氏が指摘するように、今日の女性労働の状況が複雑で錯綜していることを無視して、一色に塗りつぶしてしまうこともまた誤りではないでしょうか。女性労働の現状をていねいに把握しながら、「希望につながる要因」を探し求めていくという木本氏の姿勢は、私たち保育にかかわる者が女性労働をとらえる際にも学ぶべき点が多いと考えます。そして、この姿勢は、複雑で錯綜している保育の状況をとらえる際にも、大切な視点となるのではないでしょうか。

第四章　注

（1）朝日新聞、二〇〇三年二月二十八日夕刊
（2）中野麻美他編『労働ビッグバンと女の仕事・賃金』一二三九頁、青木書店、一九九八
（3）内橋克人『不安社会を生きる』三七～三八頁、文春文庫、二〇〇二年
（4）芳野孝（三重県保育団体連絡会）「公立保育所における臨時・嘱託職員の状況～三重県下自治体の実態調査」『保育情報』三一二号、保育研究所、二〇〇三年一月
（5）全国労働者組合総連合パート・臨時労組連絡会「パート・臨時などで働くみんなの実態アンケート調査報告書」、二〇〇二年
（6）内田妙子「国際競争時代、急変する雇用形態～航空リストラと短期契約制度導入三年後の現状」、中野麻美他編、前掲書、一一一～一一九頁
（7）朝日新聞、二〇〇三年二月一二日
（8）内橋克人とグループ二〇〇一『規制緩和という悪夢』七二頁、一二一～一二二頁、文春文庫、二〇〇二年
（9）内橋克人、前掲書、四一～四三頁
（10）熊沢誠『女性労働と企業社会』六七頁、岩波新書、二〇〇〇年
（11）酒井和子「パートに拡がる有期雇用、正社員との差別化」、中野麻美他編、前掲書、二二三～二二六頁
（12）朝日新聞、一九九六年七月十七日

(13) コミュニティ・ユニオン首都圏ネットワーク『複合就労する女性の生活実態アンケート』、一九九六年
(14) 木下武男「日本型雇用の転換と若者の大失業」、竹内常一＋高生研編『揺らぐ〈学校から仕事へ〉～労働市場の変容と一〇代』四一頁、青木書店、二〇〇二年
(15) 乾彰夫「若者たちの労働市場のいま」、竹内常一＋高生研編、前掲書、一四～二一頁
(16) 木下武男「日本型雇用の転換と若者の大失業」、竹内常一＋高生研編、前掲書、四七～四八頁
(17) 中西新太郎「若年雇用の変化」『ポリティーク』三号、二一～二二頁、旬報社、二〇〇二年一月、および『思春期の危機を生きる子どもたち』九三～九五頁、はるか書房、二〇〇一年
(18) 玄田有史『仕事のなかの曖昧な不安～揺れる若年の現在』一三六～一三七頁、中央公論社、二〇〇一年
(19) 森ます美「破壊される女性正規労働者の雇用と賃金」、中野麻美他編、前掲書、一八五～一八六頁
(20) 森ます美「女性労働にとっての大きな転換点」『ポリティーク』三号、一七～一九頁、旬報社、二〇〇二年一月
(21) 熊沢誠、前掲書、五九頁
(22) 三山雅子「大競争時代の日本の女性パート労働～国際比較の視点から」、竹中恵美子他監修『叢書　現代の経済・社会とジェンダー～第二巻　労働とジェンダー』一八七頁、明石書店、二〇〇一年
(23) 森ます美「女性労働にとっての大きな転換点」『ポリティーク』三号、一九～二〇頁、旬報社、

二〇〇二年一月

(24) 熊沢誠、前掲書、六六頁

(25) 特集「時代転換期における労働と生活の地殻変動」『ポリティーク』三号、討論二七頁、旬報社、二〇〇二年一月

(26) 朝日新聞、二〇〇三年二月二十八日夕刊

(27) 木本喜美子「女性労働研究の課題」『女性労働研究』四一号、八五～八六頁、青木書店、二〇〇一年一月

第五章

保育ニーズの高まりをとらえる視点

1 人間らしく生きられる社会とは?

「構造改革」先進国で起きていること

音楽プロデューサーの松井和氏は、朝日新聞『私の視点』欄で、アメリカにおける犯罪の増加の原因は、親の子育てに対する意識、「親心」が希薄になってしまったことにあり、「教育と保育が充実すると家庭崩壊が始まる」と政府の少子化対策「エンゼルプラン」に異議を唱えています。そして、この「主張を最初に理解してくれたのは、ほかならぬ保育を職業とする人たちだった。『これ以上、われわれが預かって面倒をみるようになったら、親が親でなくなってしまう』。そんな現場の声が私の支えだった(1)」と述べています。

たしかにアメリカでは殺人、とくに青少年の殺人や犯罪が増加し、大きな社会問題になっています。暴力が子どもに与える影響の研究の第一人者であるジェームス・ガルバリーノによれば、毎年全米で約二万三千件の殺人事件が起き、その約一〇％は十八歳未満の子どもによるもので、二十一歳までの若者も含めると、その割合は約二五％（連邦捜査局・ＦＢＩ報告書）にもなります。加害者の平均年齢が低下（一九六五年の三十三歳が九三年には二十七歳に）し、殺人事件の総数がほぼ一定であるのに青少年による殺人事件は一九八〇年代半ばから九〇年代半ばにかけての十年間に一六八％も増加しています。同時に、青少年の自殺も一九五〇年以降、四〇〇％も増加しており、その数は青少年による殺人事件とほぼ同数の約二千三百人にのぼっていると指摘しています[2]。また服役囚の数も増加し、『ニューヨーク・タイムズ』は、このまま行けばまもなくアメリカ全土の大学生の数を上回ると報じたと言われます[3]。

しかし松井氏の言うように「教育と保育の充実」が「犯罪増加」の原因なのでしょうか。ロビン・カー・モースとメレディス・Ｓ・ワイリーが著書『育児室からの亡霊』のなかで紹介しているアメリカ児童保護基金の年鑑『ザ・ステート・オブ・アメリカン・チルドレン』の一九九六年版、一九九七年版からいくつか拾い出してみたいと思います。

・十代を母として生まれる赤ん坊の割合は毎分一人。
・一歳未満の赤ん坊の死亡率は西側先進国中でアメリカが最高。ことにアフリカ系アメリカ人の赤ん坊の一歳までの推定死亡率は白人の二倍。

・就学前児童の二五％が貧困線以下の生活をしている。
・五州で行った抽出調査によると、里子の四人に一人が一歳前に里子に出され、新生児が最大の割合を占める。
・肉体的虐待を受けた子供の三人の一人が一二ヵ月未満の赤ん坊である。毎日一人の赤ん坊が保護者の虐待か放置のために死亡している。
・アメリカの児童福祉センターのうち、乳幼児に対し、発育上適切なケアを行っているとされたセンターは八・四％だけで、五一・一％は普通、四〇・四％は劣ると判定された(4)。

世界的に著名なアメリカの小児科医ブラゼルトンは、この著書に文章を寄せ、「私たちは、最も傷つきやすい集団である幼い子供を無視してきたことの警告を受けている。世界で最も富裕で最強の国でありながら、文明国中、最も子どもと家族をないがしろにしている文化を持つのがアメリカ(5)」なのだと述べています。ここではくわしく触れられませんが、母親の飲酒、薬物の乱用、重度のうつ、度重なる虐待と放置、貧困など殺人を犯した少年の悲惨な境遇が明らかにされています。そして、先のデータを見てもわかるように、少年犯罪増加の根源に、階層格差の拡大と貧困の増加、児童虐待の増加、保育制度の貧困、福祉の削減があることが読み取れます。これが日本の政府・財界が今日進めようとしている規制緩和、「構造改革」のお手本の国、アメリカの現実なのです。アメリカ社会の子どもや家族の現状と少年犯罪の増加は、自己責任と市場原理に基づく規制緩和の推進の帰結と見ることができるのではないでしょうか。

精神医学者中井久夫氏は、日本の少年の殺人が一九六六年以降、大幅に減少しているにもかかわらず、人々が十代の少年犯罪に不安を抱いていることに触れ、次のように指摘しています。

私たちの十歳代の少年犯罪に対する不安は何だろうか。今の十歳代の殺人はおどろおどろしいものの氷山の一角ではないか。たとえば日本は世界最大の児童ポルノ・ビデオ輸出国として世界の指弾を浴びている。少なくともそれだけ被虐待児があるということだ。そして今の犯罪大国米国は、児童の虐待と無視、家庭崩壊、貧困がつくった（パトナム『解離』一九九七年）。こういうものは私たちの周囲にすでにある。とすれば問題は成人に差し戻される。不安は私たちの今の生き方ゆえの不安なのではないか。(6)

中井氏のこの指摘を根拠のないものと退けることができないことは、先に述べてきたことと重ね合わせれば明らかでしょう。

内橋克人氏は小泉内閣の市場原理主義的な構造改革論について、「好況か不況か」「成長か縮小か」という「二分法」のきわめて狭い判断基準でしか経済をとらえていないと批判し、「新しい段階を迎えた経済と社会との関係について、私たちは新しい視点を必要としている」と述べています。そして、日本と同時期にバブル発生を経験し、同じように巨額の不良債権を抱えた北欧の国々（スウェーデン、フィンランド、ノルウェーの三国）が、なぜ不良債権処理を一九九五年を中心とするわずか数年で終えることができたのかについて、次のような興味深い指摘をしています。

ひと言でいえば、それらの社会では「企業は潰れても人間は潰れない」という制度がきちんと整えられていた。市場経済に「市場の失敗」はつきものです。その失敗をより短期に、スムーズに処理できるか否か。不良債権を抱え、傷ついた企業は透明なルールのもとで手際よく処理し、一方、再生可能と見られる銀行や企業は、国民的合意のもと、思い切って公的資金を投入する。場合によっては国有化する。いずれの場合も人間が潰れることはない。

たとえ一時的に失業率は高くなっても、職を失った個人が路頭に迷う心配はなく、公的サービスによる充実した教育を受けることで自らの職業的能力をレベルアップし、次の成長領域に向けてシフトできる。新しい職場の待遇も右肩下がりになることはない。(7)

中高年の自殺、ホームレスの増加、若者の集団自殺やひきこもり、児童虐待の増加、人々の不安と苛立ちの高まり……これらは、「潰された」人々の悲鳴であり、「人間が人間らしく生きられない」社会のなかで生じていることなのではないでしょうか。厚生労働白書平成一四年版は「安心して子どもを産み育て、意欲を持って働ける社会環境の整備」を掲げていますが、「企業は潰れても人間は潰れない」制度をきちんと整え、失業、リストラ、不安定雇用、実質賃金の低下、労働条件の悪化といった国民が抱いている不安の根源を絶ち、親子が安心して働き生活していくことのできる社会を築くことがその根底にすえられるべきでしょう。

2 国民の保育・福祉需要の高まりと保育の未来

新福祉国家への客観的・主体的条件

ここでは、保育・福祉という角度から今日の問題を整理し、今後の保育の課題と展望について考えてみたいと思います。経済学者の二宮厚美氏は、小泉内閣に代表される「新自由主義的改革」、市場原理をベースにして経済・社会秩序の再編成をめざす改革が、戦後日本の福祉国家的側面を破壊することを通じて、国民生活内部からの未曾有の福祉需要を呼び覚まし、福祉擁護の国民世論・運動を呼び起こさざるをえないと指摘しています[8]。保育の現状を把握し、今後を展望するうえで非常に重要な指摘だと思います。まず二宮氏の主張の要点を紹介しましょう。

二宮氏によると、戦後の日本社会の特徴は、「強力な企業社会」と「未熟な福祉国家」という二つの側面から構成されていた点にあります。ヨーロッパでは、日本のように年功制の賃金ではなく、同一労働同一賃金という原則が貫かれるため、結婚や出産など年を経るにしたがって膨らむ生活費を直接賃金以外の社会保障を通じて獲得するという形で福祉国家を築き上げてきました。それに対して高度経済成長以降の日本の社会では、年功制賃金のもとで家族賃金がある程度、実現してきたため、福祉国家の発展を通じて社会的間接賃金の拡充をはかる要求は弱まらざるをえず、それだけ企業に依存した生活構造が強化されました。家族賃金とは、男性労働者によって妻子を養いうる賃金、家族の生計費も含むとされる賃金のことです。この家族賃金が男性を一家の稼ぎ手とする片働き家族、「男は仕事、女は家事・育児」という性別役割分業家族の増大を可能としたのです。

また、片働き家族では専業主婦を家事の担い手とする性別役割分業が再生産され、保育・介護・看護などの社会サービス労働が家事労働に組み込まれたまま、もっぱら女性の守備範囲にされてきました。こうして、家族賃金を基盤にした片働き家族では、家族の生計費が直接賃金によって充足されるため、「社会的間接賃金による所得保障」と「保育・介護などの社会サービス保障」との双方に対するニーズが潜在化せざるをえなかったのです。そして、保育・介護は女性まかせの傾向や主婦優遇の所得保障などに見られるように、社会保障全体にその内側からジェンダー・バイアスが刻印されてきたと指摘しています。

しかし、これまで明らかにしてきたように、国際競争が激化するなかで、企業は生き残りのため、これまでの終身雇用・長期勤続・年功的処遇などの日本的雇用慣行を縮小・解体し、成果重視の処遇への転換を進めつつあります。年功制賃金、終身雇用が揺らぐことは、片働き家族の基盤である家族賃金をも揺るがすことになります。企業社会の再編は、「男は仕事、女は家庭」という性別役割分業家族の基盤である家族賃金を揺るがし、共働き家族の増大をもたらすことになったのです。

二宮氏は、家族賃金の動揺と共働き家族の増大は、一方ではイギリス型福祉国家に見られるような、社会保障制度を通じた社会的間接賃金要求、所得保障を軸にした社会保障の拡充要求を高め、他方では男女共働き家族を前提にした北欧型福祉国家に向かう要求、つまり共働き家族の進展に伴う保育・介護などの「社会サービス拡充の要求」を高めざるをえないと指摘しています。『大企業体制の多国籍企業化→日本型企業社会の揺らぎ→国民内部の福祉需要の高まり』という基本線が、九〇年代半ば以降の日本社会を貫く傾向」であることを明らかにしています。

そして、この基本線上に、新福祉国家への展望を描くことができると指摘しています。つまり、「新自由主義的構造改革そのものが新福祉国家形成の国民的基盤を醸成せざるをえない」というのです。新自由主義的改革による「企業社会プラス利益政治」の破壊が、それまでの家族・地域・企業内部に封じ込められていた福祉需要を社会の場に引き出し、膨張させてしまうからです。新自由主義的改革が戦後体制を破壊することによって国民生活内部から福祉需要を呼び覚まし、福祉擁護の国民世論・運動を呼び起こすことになるというのです。国民世論・運動とは、一つは、未熟ではあっても前世紀末までに築かれてきた福祉国家的諸制度を破壊攻勢から守ろうとする力の発揮であり、いま一つは、「構造改革」の進行が作りだす新たな潜在的福祉ニーズを掘り起こし、顕在化する力の発揮です。ここに新しい福祉国家の可能性、新福祉国家への客観的・主体的条件を見いだすことができると二宮氏はいうのです(9)。

国民の保育需要の高まりをどうみるか

筆者が二宮氏の見解に注目するのは、氏が今日、進行しつつある「構造改革」、企業社会の再編のなかに、福祉国家的諸制度を破壊攻勢から守ろうとする力の発揮や「構造改革」の進行が作りだす国民の福祉需要の高まりをとらえ、そこに新たな福祉国家への展望、可能性を見いだしている点です。氏の指摘を保育に引きつけて、考えてみたいと思います。

第一は、日本保育学会共同研究・保育基本問題検討会の提言「今の子どもと保育の危機にどう対処するか」(二〇〇三年四月)や、保育・福祉・教育研究者を中心とする共同アピール「経済効率優先でなく、幼い子どもの権利最優先の保育政策を―子どもに最善を保障する政策への転換を求めます―」(二〇〇三年五月)に見られる今日の保育の規制緩和と市場化、保育条件の悪化に反対する世論の高まりと広がりです。子どもを思い、乳幼児期の保育の大切さを認識している心ある人々は、経済効率を優先してこれまでの保育を破壊する今日の保育政策に危機感を感じているのです。アピールの呼びかけ人に、小川博久保育学会会長をはじめ歴代の保育学会会長が加わっているところに、世論・運動の広がりを見ることができると言えましょう。

第二は、共働きの増加による国民の保育需要の高まりや子育て支援に対する需要の高まりです。国民の保育需要はかつてなく高まっています。共働き家族が確実に増加し、待機児問題が都市を中心に深刻化し、認可外保育施設、ベビーホテルが急増しています。たとえば、かながわ総合科学研究所の梶田義熙氏の指摘もこうした保育需要のかつてない高まりを裏づけるものです。梶田氏は、内閣府国民生活局物価政策局が、二〇〇三年八月に出した報告書のなかで、首都圏全体で〇歳児から三歳児までの潜在的な保育需要者は二十四万四千七百七十三人いると試算していることをあげ、厚生労働省発表の首都圏の待機児数は一万二千人であり、桁が違うと指摘しています。内閣府の調査によれば、神奈川県の潜在的保育需要は六万九千百六十二人で、全県の認可保育所に入っている子どもの数に相当するというのです。そして、内閣府の推計が正しいかどうかの判断はつきかねるが、「公表待機児数と桁が違うくらい潜在的需要者がいるということだけは確実」であり、「県民・市民の保育要求が、私たちの予想以上に、大きく広がっている」こと、「県民・市民の保育要求の実態を量的にも質的にも正確に把握することが極めて重要[10]」だと提起しています。また一方で、子育て支援に対する国民の期待と要望も高まり、母親を中心に住民の子育て支援活動への参加が活発になっています。重要なことは、「構造改革」の名のもとに進められる行財政改革、福祉制度の解体、縮小と企業社会と働き方の再編が、共働き家族を拡大し、国民の保育・福祉需要を高めずにはおかないということです。

先に第二章で、第一に保育の「量的拡大」と保育制度の抜本的「改革」とが一体となって進められるなかで保育条件が悪化している、第二に労働環境の整備がほとんど進められず、むしろ厳しくなっている、第三にしかも国民の保育要求は高まっているという三つのことがらを、別々のものとしてではなく、今の社会のなかで構造的に進行していることととらえることが重要ではないかと指摘しました。これら三つのことがらを、今日の「構造改革」によってもたらされた問題の諸側面としてとらえる、ということです。これまで、保育制度や日本型企業社会の再編、労働実態を中心にみてきましたが、二宮氏の指摘が明らかにしているように、こうした「構造改革」による国民生活の破壊は、第三の点である、保育需要、子育て支援に対する需要を掘り起こし、社会的なサービスの要求を高めざるをえないのです。ここに、新しい家族のあり方、新しい保育・子育て支援の制度・内容をつくり出していく可能性を見いだすことができるのではないでしょうか。

もちろん、問題は単純ではありません。二宮氏は小泉内閣による福祉改革の特徴は、戦後制度の破壊を進めながら、同時に福祉需要の増大に新たな対応が迫られるなかで、戦後福祉諸制度の「解体」と「再編」とが同時に遂行している点にあると述べています[11]。保育についても同じことが言えるでしょう。企業社会の再編や戦後の社会保障・福祉制度の抜本的改変は、共働き家族の拡大と保育需要の増大をもたらしています。そして、「待機児童ゼロ作戦」に典型的に見られるように、こうした保育需要に応えることを謳い文句として、保育の規制緩和、市場化が進められています。このように保育制度においても改革の「解体」と「再編」が同時に進められていると見ることができます。

また、二宮氏は、「新自由主義的改革がつくりだすのは、福祉国家に対する潜在的ニーズの高まりであり、それは自動的に顕在化し、成長をとげるというものではない。新福祉国家を形成する国民の潜在的能力の高まりは、各種の社会運動を媒介にして顕在化するものである」(12)と指摘しています。国民の保育需要のかつてない高まりを、どのような形で新しい保育のあり方、さらには社会のあり方の展望につなげていくかという課題があると言えましょう。

国民の保育需要のかつてない高まり、子育て支援に対する需要の高まりを「困ったこと」「大変」と嘆く保育者が少なくありません。保育条件が改善されず、定員を越える入所や保育時間の延長などが進められ、保育者の負担が増大しつつあるなかで、保育者のこうした心情はもっともです。しかし、国民の保育要求に背を向けていては、保育の未来を切り開いていくことはできないのではないでしょうか。そして、むしろ「保育ニーズに応える」ことを掲げた政府の保育の市場化、規制緩和の流れやベビーホテルなどの営利産業の繁栄をくい止めることはできないでしょう。国民の保育要求に応えつつ、父母・住民と手をつなぎ、今日の保育の規制緩和と市場化、保育条件の悪化の問題点を明らかにすることと、子どもの最善の利益、子どもの幸福と成長を保障する保育を守り、発展させる世論、運動をさらに広範に広げていくことが大切でしょう。子どもの幸福と豊かな成長を保障する保育を守り発展させることは保育者、保育研究者、父母共通の願いです。ここに、子どもの最善の権利を守り、これからの保育を切り開いていく基盤が存在するのではないでしょうか。

③「労働環境の整備」と「保育の拡充」はともに重要な課題

先に第二章冒頭で紹介した、「保育の拡充よりも労働環境の整備が先決」、「長時間保育や子育て支援は国や企業、親のためであって、子どものためではない」という見解について、改めて考えてみたいと思います。結論から先に述べれば、著者は「保育の拡充」は進めなければならないと考えています。とくに保育者にとって「保育の拡充」を進める見地に立つことは重要な意味を持っています。

父母と共に「仕事と子育て」の矛盾を分かち合うこと

なぜかと言えば、「労働環境の整備」も「保育の拡充」もともに重要な課題であるからです。これまでくりかえし述べてきたように、国の子育て支援策は延長保育など「保育の量的拡大」策にシフトしたものであり、労働実態がますます厳しくなるなかで、「保育の拡充」よりも「労働環境の整備が先」と言いたくなるのも当然だと思います。しかし「労働環境の整備」と「保育の拡充」という二つの課題は二者択一のものではありません。どちらも今日、必要不可欠な課題なのです。

これまで明らかにしてきたように、「構造改革」の名のもとに、企業社会の再編とそれに伴う労働条件の悪化と、社会保障、福祉の切り詰め、保育制度の抜本的改変という二つのことが同時に進められています。今、国が進めているのは「保育の拡充」ではありません。保育の規制緩和と市場化による保育条件の引き下げです。したがって「労働環境の整備」も「保育の拡充」もともに重要な課題となっているのです。

「労働環境の整備」と「保育の拡充」という二つの課題の関係についてもう少し考えてみましょう。国の労働政策と保育政策とは表裏一体の関係にあります。子育て支援と銘打った保育の「量的拡大」は、国の財政・経済危機打開のため、少子高齢化社会に向けた労働力確保のための施策であることはたしかです。したがって、ゆとりある子育てを実現するために、国や企業に対して「労働環境の整備が先ではないか」とその改善を求めることは、非常に意味のあることだと考えます。しかし、父母、国民に対してはどうでしょうか。企業再編のもとで、労働法制の規制緩和、労働条件の引き下げが進行している事態のなかで、「労働環境の整備」という課題を勝ち取っていく具体的展望、戦略なしに、長時間保育に取り組まないということは、厳しい労働環境のなかで働く父母を放置し、ますます深まる仕事と子育ての矛盾の解決を個々の父母に委ねることになってしまうのではないかと考えます。

保育園が長時間保育を実施しないことが長時間労働問題を解決することにもなりません。急増しているると言われるベビーホテル、企業保育所の繁栄を生むだけであることは、過去のベビーホテル問題を見ても明らかです。そればかりか、ベビーホテル、駅型保育所、東京の認証保育所、企業保育所など、「保育システムの多様化」の広がりが保育の市場化の流れを一層、促進する危険性が指摘されています。高まっている国民の保育需要がこうした企業の保育所に流れ、保育産業の一層の拡大につながることは明らかです。国民の高まる保育需要に応えないというのであれば、認可・公立保育園は父母・住民の信頼を得ることもできないでしょう。

保育現場で起こっている保育士の非正規雇用化、労働の過密化、労働条件の低下という問題はまさに、今日の労働市場全体で生じている問題であり、多くの労働者が抱えている困難でもあるのです。そして、とりわけ女性や子育て中の世代は、長時間過密労働、パート、派遣などの不安定な低賃金労働を強いられています。父母も保育者も今日の困難のなかで、余裕を無くし、対立しがちですが、同じ困難を抱える働く者同士であることを忘れないでほしいと思います。

働く父母の労働を支える保育園の主要な役割は、「仕事と子育て」の矛盾や困難を父母と分ち合いながら、父母とともに子どもを育てていくことでしょう。このことが土台となり、家庭のあり方や長時間労働を考え合い、男女共に仕事も子育てもできる社会へという取り組みを広げていくことにつながっていくのではないでしょうか。

父母の労働、保育労働をどうとらえるか

次に、「長時間保育や子育て支援は、国や企業、親のためであって、子どものためでない」という考え方について考えてみたいと思います。こうした見解の根底には、今日の労働のあり方に対する批判や疑問が存在しているように思います。くりかえし述べているように、保育にシフトした国の子育て支援は、「国や企業のため」に位置づけられたものです。長時間過密労働という働き方には大きな問題があります。しかし父母が働くこと自体に問題があるということではないはずです。父母が「国や企業のため」に働いているというのは違う気がするのです。

少し古いのですが、哲学者の嶋田豊氏の労働についての指摘は、今なお、私たちの労働のとらえ方、保育労働のあり方を考えるうえで非常に示唆的なものです。

嶋田氏は、「労働者の疎外された労働の虚しさ」というような、人びとが日々生きて働いている営みを平板に灰色一色にぬりつぶしてとらえる考え方に対して、現代資本主義批判のつもりではあっても、おおざっぱすぎると批判し、次のように述べています。

「私たちの日々の労働は、それがどんな仕事であっても、現代資本主義のシステムのなかで、資本の論理に従属しておこなわれている疎外された労働」であることに違いなく、「どこかに疎外されていない労働」が存在するわけではないというのです。そして、「疎外された労働といえども、人間の労働です。日々にその労働を通じて人間の社会生活を支えているのです。だからこ

そ、私たちは自分の労働の働きがいを問題にするのではないでしょうか。……今日というこの日を生きる自分の人生をだいじにおもい、今日の仕事の働きがいを求める心こそが、社会進歩を求める情熱を生みだすのです。……無数の人びとの生きる営みをなんらかの仕方で支えている自分の労働を愛するからこそ、疎外された労働のあり方を変えたいとおもう。ものごとはそういう順序なのです(13)」。

保育は、国の労働政策、企業の長時間労働や女性労働の活用、戦力化に組み込まれている側面をこれまでも持ってきたし、今日も持っています。しかし、嶋田氏の指摘をふまえて考えれば、保育は父母の生活や子育てを支えています。保育者は、よりよい保育をしたいと思うからこそ、保育のあり方や保育労働のあり方を変えたいと思うのでしょう。

二宮氏が明らかにした子どもと保育を守ろうとする世論の広がり、共働き家族の拡大とそれに伴う保育需要の高まりをどのような方向に発展させていくのかが問われているのではないでしょうか。保育需要のかつてない高まりを保育の市場化、規制緩和という形で収斂させていくことを許すのか、よりよい保育の実現、「保育の拡充」につなげ、さらには新しい社会のあり方の展望につなげていくか、ここに保育の可能性、未来がかかっていると考えます。

第五章　注

(1) 朝日新聞、二〇〇二年十一月三十日

(2) ジェームス・ガルバリーノ『小さな殺人者たち～彼らはどこから来て、どこへ行くのか』二六～二八頁、高木亜樹訳、PHP研究所、二〇〇二年

(3) ロビン・カー・モース、メレディス・S・ワイリー『育児室からの亡霊』二一頁、毎日新聞社、二〇〇〇年

(4) 同右、二七～二八頁

(5) 同右、五頁

(6) 中井久夫『清陰星雨』二四三頁、みすず書房、二〇〇二年

(7) 内橋克人編『誰のための改革か』六～八頁、岩波書店、二〇〇二年

(8) 二宮厚美『日本経済の危機と新福祉国家への道』一三頁、新日本出版社、二〇〇二年

(9) 同右、二四～二七頁、三〇～三一頁、五三～五七頁

(10) 梶田義煕「保育施策を通してみる自治体行政の特徴と課題～県・横浜市・川崎市の保育施策を手がかりに～」、かながわ総合科学研究所編『所報』第一二六号、二一～二三頁、二〇〇三年十二月・二〇〇四年二月合併号

(11) 二宮厚美、前掲書、一二〇～一二一頁

(12) 同右、一三頁

(13) 嶋田豊「人間らしさと文化の問題」(一九七八年)『嶋田豊著作集』第三巻、五六～五七頁、

萌文社、二〇〇〇年

〈手記〉保育園父母の労働実態と仕事への思い③

なぜ仕事を続けているのか

――保育園にかかわり続けた十年を振り返って

精密機械メーカー勤務　大原　美絵

今勤めている会社（メーカー）には、大学卒業後、技術職として採用され入社したので、もうかなり長く正社員として勤めたことになります。私が現在所属している知的財産部には、入社五年目で配属されました。会社は機械系のメーカーですので、新しい商品を開発し製造販売するのにあたり、新しい技術については特許を取得することが必要になります。私の仕事は、新しい技術について調査し、その技術に関する特許の権利化を目指すことです。具体的には、開発部門と話し合い、新しい技術について特許の書面を作成したり、出願した特許について、権利が得られるように各国の特許庁へ提出する意見書などを作成したりします。また、会社内の技術者に対して特許教育のための講習を行なうこともあります。仕事の進め方は個人に任されており、勤務形態がフレックスタイムということもあって、時間的には、かなり融通がききます。

平日の夫の帰宅はたいてい十時半過ぎと遅いため、夕方から夜にかけての家事・育児は私が担当し、やはりフレックスタイムで比較的出勤時間が遅い夫が、朝の家事を担当しています。二番目の子が産まれるまでは、朝食作りも私の担当だったのですが、妊娠時のつわりがひどく入院してから、朝食作りや洗濯干し、保育園への送りなど、朝発生する家事はすべて夫がやってくれるようになりました。

長男、次男の出産時は育児休職をそれぞれ一年間取得しました。長男は気管支が弱く、小さい頃はよく、夜中に咳き込んで吐いてしまうことがありましたが、熱を出すことは少なく、育休復帰後も会社を休むことは、多くはありませんでした。しかし、次男は一歳になった直後、頻繁に高熱を出し、会社復帰後、しょっちゅう会社を休まねばなりませんでした。当時は、仕事の量を就業時間内で調整できる程度であったため、夫と休暇を取り合いながら、なんとか子どもの病気に対応していました。そんな子どもたちも、三歳を過ぎてからはほとんど病気をせず、保育園や学校を休むこともなくなりました。

当時は子どもの病気で休みが続いても、残業や休日出勤などをせずに、なんとか就業時間内で仕事をこなすことができました。ところが今から約四年前、組織改革があり、大変厳しい方が上司になり、一変して仕事量が激増してしまったのです。その方は妥協を許さない方で、きちんとした仕事がなされないと、何度でもやり直しを命じました。仕事の質の向上を求められたのですから、必然的に仕事内容が密なものになっていき、残業や休出が増えていきました。

息子が通っている保育園は、夜八時までの延長保育が可能で、申請すれば夕食まで出してくれ、親にとっては大変ありがたく、保育内容もすばらしい保育園なので、安心して預けることができます。それに対して、長男はすでに小学生だったため、放課後は学童保育所に通っていたのですが、学童の閉所時間が六時半と早く、その時間までに長男を迎えに行かねばなりませんでした。そのため、夕方はほとんど残業できませんでした。それで、一時間でも多く仕事をするため、子どもたちが朝起きる頃家を出て、早めに出社したり、週に一度は夫に早く帰宅してもらい、夜十時過ぎまで残業したりしました。また、当時夫も所属部門が変わり、以前にも増して多忙となり、土曜あるいは日曜はお互い都合をつけて、どちらかが家に残り、どちらかは休日出勤をするという状態でした。

二、三時間でも都合がつけば会社に行き、逆に仕事をしていないと不安に思うようになっていました。当然、家族一緒に食事をするという当たり前のことが、週に一、二回くらいしかできなくなっており、ひどいときには一週間で日曜日の朝食だけが、家族揃っての食事という時もありました。

今まで仕事上、〝女性だから〟という差別をうけていませんでしたし、私自身の意識のうえでも、男女不平等を感じながら生活していたつもりはなかったのですが、当時は〝男の人にとって一時間の残業なんて、なんともないものでも、私にとっては貴重な一時間だ〟と思ったり、平日はとくに仕事を優先している夫に対して、私も同じように仕事を優先したいのに、できないという妬みやひがみのような感情を抱いてしまっていました。今思えば、仕事依存症（?）のような状態で、仕事をしないと不安に思うくらいまで、かなりストレスが溜まっていたように思います。

その頃、会社で「早期退職制度」が行なわれ、私も募集対象者となりました。各人に具体的な退職金を提示し、辞めたい人を募る制度です。端的にいえば人員整理です。私の職場でも、先の上司やベテランといわれる方が応募して辞めることになりました。これらの方たちが辞めるということは、残された者たちの仕事量が激増することを意味しました。私自身、ここで仕事を辞めるかどうか、真剣に考えざるをえませんでした。なぜ、私は仕事をするのか、「自分」と「仕事」について考える良い機会となりました。

私が仕事を辞めたとしても、夫の収入だけでも生活していけるとは思いました。でもけっきょく早期退職制度に応募しませんでした。もちろん、私の収入があれば、その分余裕ができるわけですから、金銭的なことが「私が仕事をする理由」のひとつではありました。でも、それがすべてではありませんでした。

今まで十数年仕事を続けてきたなかで、私自身、仕事のおもしろさを感じ始めていました。良い特許を取得できた時、自分の手がけた技術が新しい商品となって世に出た時、上司や仕事の仲間が、私の仕事内容を評価してくれているというのを実感した時など、仕事に対してやりがいというものを感じていました。

そして、仕事以外にも私は日々の暮らしのなかで多くの楽しさを感じていました。子どもが生まれて保育園に預けてきたこの十年、わが子から、そして保育園の先生方から、同じ働く母である保育園仲間のお母さんたちから、いろんなことを学び、たくさんの楽しい時間（とき）を得ることができました。私が働いていたからこそ出会えた場所、出会えた人々。この日々は、働いて保育園に子どもを預けてきたからこそ得られたもののように思えます。

その後、私は夫の反対を押し切り（？）三人目を妊娠し、出産後、産休と一ヵ月の育休を取得して復帰しました。そして今も保育園の送迎生活が続いています。今の上司は私に小さい子がいることを充分承知して、仕事量を減らして対処してくださり、大変助かっています。今後、また仕事量が増え、以前のように早朝出勤や休出をしなくてはならなくなるかもしれません。また、現在私の父が入退院を繰り返し、寝たきりの状態となっており、介護の問題も身近にあります。

でも、今までの十年を振り返って、保育園の先生方、同じ「働く母」の友人たち、いろいろな人たちにお世話になりながら過ごしてきたことを思うと、きっとこれからも何とかなる、大丈夫だって思えるのです。今まで以上に、周りの人々に助けられながら、そして家族が互いに支え合いながらの生活がまだまだ続くと思いますが、そんな日々のなかで、子育ての楽しさを味わいながら過ごせれば、それが一番幸せなのではないかと感じています。

鈴木　佐喜子（すずき　さきこ）
1951年生まれ
東京大学大学院教育学研究科博士課程修了
武蔵野女子大学短期大学部を経て、
1995年より白梅学園短期大学
現在　白梅学園短期大学教授
著書に
『現代の子育て・母子関係と保育』（ひとなる書房、1999年）
共著に
『今の子育てから保育を考える』（草土文化、2003年）
『赤ちゃんがいるけど出かけたい』（草土文化、1997年）
『保育の思想（日本）』（労働旬報社、1987年）
『現代家族と子育て』（青木書店、1986年）

時代と向きあう保育（上）

2004年３月31日　　初版発行

著　者　　鈴　木　佐喜子
発行者　　名古屋　研　一

発行所　㈱ひとなる書房
東京都文京区本郷２－17－13
広和レジデンス101
電　話　03（3811）1372
ＦＡＸ　03（3811）1383
http://www.mdn.ne.jp/~hitonaru/

　印刷／モリモト印刷株式会社